내 안의 가부장

내 안의 가부장

여성을 앞으로 나아가지 못하게 하는 보이지 않는 힘

시드라 레비 스톤 지음
백윤영미·이정규 옮김

사우

이 책은
자신의 지혜를 한쪽으로 밀쳐놓고
남들에게 결정을 맡기고
발언해도 좋다는 허락을 기다렸던
모든 여성을 위한 책입니다.

또 이 책은
목소리를 내는 힘은 있지만
소중한 자신의 여성성이 희생될까 봐
두려워하는 여성들을 위한 책입니다.

내면 가부장의 빛과 그림자
그리고 통합의 길

2018년 '미투(#MeToo)' 운동의 급물살 속에서 연극연출가 이윤택이 성범죄 혐의로 징역 7년형을 확정 받았다. 피해자들이 입은 고통과 상처에 비하면 깃털 같은 처벌이다. 20년 전, 나는 말단 계약직으로 '연희단거리패'에 속해 있었다. 그 경험이 어떠했는지 여기서 말할 필요는 없겠다. 하지만 내면 가부장에 대한 독자들의 이해를 돕고자, 역자로서 그리고 심리치료 전문가로서 무엇이 이윤택을 범죄자로 만들었는지 조명해보려 한다.

이윤택의 아버지는 떠돌이 장사꾼으로 집에 없는 날이 많았고 어머니가 행상을 하면서 외아들을 키웠다. 어머니는 이윤택을 '도련님'이라 부르며 늘 존댓말을 썼고 "너는 남들과 다르다."라는 말을 자주 했다고 한다. 밥상에 돼지고기가 올라오면 "이딴 거 치워라. 우리 아들은 소고기만 먹는다."라고 할 정도로 끔찍하게 위했다. 이러한 일화는 이윤택의 입에서 수없이 쏟아져 나왔다. 그의 나이 서너 살 무렵, 시장에서 누군가 다가와 "아이고 잘생겼네." 하고 아들을 만지려하자, 어머니는 "어디서 더러운 손을!" 하면서 탁 쳐서 물리쳤다고 한다.

바로 이러한 성장 배경이 타인에게 고통을 주고도 죄책감을 느끼지 못하는 괴물을 만든 것이다. 그의 특권 의식은 자기애적 성격장애로 진단 받기에 충분하다. 스스로 심리치료의 필요성을 전혀 느끼지 못하기에 가장 치료하기 어려운 성격장애라 할 수 있다. 본인은 불편함을 못 느끼지만 주변에서 함께 생활하는 사람들은 이용당하거나 착취당하기 때문에 시간이 갈수록 고통이 커진다.

나는 그가 누려온 특권에 젠더 특권이 결합되어 있다는 것을 강조하고 싶다. 이윤택의 병든 사고체계와 행위는 여타 성범죄자나 가정폭력 가해자에게서도 쉽게 찾아볼 수 있다. 그들의 힘은 상당 부분 주 양육자에게서 부여받은 것으로, 아들/남성이라서 거저 받은 젠더특권에 기초한다. 나는 '가부장적 성격장애'라는 진단명이 정신질환 진단 및 통계 편람(DSM)에 새롭게 등재되어야 한다고 생각한다.

흔히 페미니즘을 남녀로 인간을 구분하는 사고라고 생각하지만 사실 그건 가부장제적 사고다. 동서고금을 막론하고 가부장제가 강한 사회일수록 어머니들은 남존여비 사상 속에서 살아남기 위해, 그리고 덜 상처받기 위해 자신의 자궁을 통해 이룬 '아들이라는 권력'을 최대한 강화시켜 자신을 보호해왔다. 그럴수록 성별 이분법은 더욱 엄격해졌다. 이로써 젠더 특권을 포기할 이유가 없는 남성들과 이를 지지해온 여성들의 내면에는 동일한 원형적 자아가 존재하게 되었다. 바로 낡은 가부장제의 규칙과 가치를 지속적으로 추구하는 '내면 가부장'이다. 우리 안에는 매우 다양한 자아가 존재한다. 그중에서도 내면 가부장은 내면을 통제하는 주된 자아다. 우리 인식의 경계 너머, 무의식의 그림자 속에서 작동하기 때문에 그 존재를 인식하기 어렵다. 그래서 이 자아를 '그림자 왕'이라고도 한다.

놀랍게도 이윤택과 같은 사람들 옆에는 조력자, 즉 '플라잉 멍키'들이 어김없이 존재한다. 플라잉 멍키는 영화 〈오즈의 마법사〉에서 서쪽 나라의 사악한 마녀가 날개 달린 원숭이에게 나쁜 짓을 하게 만드는 이야기에서 유래했다. 이윤택의 주변에는 그의 추잡한 성폭력에 공동정범 수준으로 가담하거나 방조한 연희단거리패의 일부 단원들이 있었다. 그들은 모두 극단에서 높은 지위를 차지하는 여성/남성들이었다. 그들이 이윤택의 지시를 생각 없이 따른 것 같지만, 실은 자신의 내면 가부장의 지시에 따라 행동한 것이다. 현재 그 플라잉 멍키들은 어떤 책임도 지지 않은 채 연극계에서 활발하게 활동하고 있다.

나는 어두운 방과 같은 무의식에 의식의 빛을 쪼여 내면 가부장의 민낯을 드러내는 역량이야말로 페미니즘의 정수라고 생각한다. 무의식의 의식화! 존재를 깨어 있게 하는 정말 멋진 작업이다. '자각의식'을 회복하고 키우는 것은 깨어 있길 원하는 모든 이들의 과제일 것이다. 미투 운동은 단순히 성폭력 가해자들에게 심판을 내리기 위한 것이 아니라, 젠더 폭력이 만든 고통의 깊이를 드러내고 책임질 것이 있는 사람에게 책임질 기회를 주는 사회적 치유와 회복의 차원에 있다. 미투 운동에 동참한 생존자들은 세상에 존재하는 가부장적 억압뿐 아니라, 내면 가부장의 목소리를 떨치고 세상으로 나온 용사들이다. 이제 '개인적인 것은 정치적인 것이다'라는 여성주의 슬로건만으로는 부족한 것 같다. '정치적인 것이 개개인의 무의식에서 비롯됨'을 자각하는 깨어남의 시대가 왔기 때문이다.

그래서였을까? 이 책을 처음 본 순간, 역자들에게는 어떤 직관적 이해가 따랐고 심장이 요동쳤다. 오랫동안 찾고 기다렸던 지혜가 드디어 눈앞에 나타난 것이다. 이 책은 자각의 힘을 통한 내면의 변화가 어떻게 사회 변화로 확장될 수 있는지 보여주고 있었다. 저자 시드라 레비 스톤 박사는 성평등 사회를 만들려는 이들의 시도와 노력을 지지하는 동시에 여성들 스스로 더는 간과할 수 없는 성찰적 과제를 제시한다. 게다가 깨달음을 몸으로 익히는 특별한 기술까지 선사한다. 선배가 후배에게, 어머니가 딸에게 물려줄 특별한 삶의 비법이라 할 만하다.

저자가 남편인 할 스톤과 함께 쓴 『다락방 속의 자아들』에서 이미 보여줬듯이, 모든 인간은 매우 다양한 자아들로 이루어진 내면 시스템을 가지고 있다. 전작에 미처 다 싣지 못한 내용이 『내 안의 가부장』에 상세히 실려 있다. 저자는 가부장적 신념으로 내면 시스템과 삶을 지배하는 한 자아에게 '그림자 왕' 혹은 '내면 가부장'이라는 이름을 붙이고, 이 존재가 우리 삶에서 어떤 순기능과 역기능을 하는지 거침없이 보여준다. 어떤 존재에게 이름을 선사한다는 것은 그 실체를 밝히고 그것과 관계를 맺는 적극적인 행위일 것이다.

이 책에서는 세상에서 가부장성은 완전히 뿌리 뽑아야 한다는 기존 주장과는 사뭇 다른 이야기가 펼쳐진다. 먼저 가부장제 사회에서 살아남기 위해 생겨나고 발달할 수밖에 없었던 여성 내면의 가부장을 인식할 필요성을 제시한다. 그리고 내면 가부장 역할의 빛과 그림자가 무엇인지 밝히고 그것을 있는 그대로 인정하고 협력적으로 관계 맺길 권한다. 우리 자신의 일부인 내면 가부장과 협력적 관계를 맺는 것은 결국 자신에 대한 수용일 것이다.

바로 이 지점에서 여성주의자들의 견해가 엇갈릴 수 있다. 번역 과정에서 책 읽기 모임을 가졌는데, 한 참여자는 시드라 스톤이 가부장제를 옹호한다고 생각했다. 이런 어마어마한 오해 앞에서 역자들은 당혹감을 느꼈지만 곧 '여성 정체성 발달 단계' 개념을 통해 이 반응 역시 편안하게 받아들이고 그분을 응원하게 되었다. (여성 정체성 발달 단계 개념에 대해서는 다음 책을 참조하라. 주디스 워렐·파멜라 리머, 『여성주의 상담의 이론과 실제』, 김민예숙·강김문순 옮김, 한울아카데미, 2018.)

여성주의 상담에서는 여성의 정체성 발달을 크게 네 단계로 설명한다. 첫 번째 단계는 젠더 역할과 차별을 잘 인식하지 못한 채 전통적 역할이 이익이라고 믿으며 남성이 우월하다고 여기는 '모름' 단계다. 두 번째 '눈뜸' 단계에서는 여성이 자신에 대한 성적 억압을 깨닫고 분노하며 가부장적 권력 구조와 협력한 자신의 역할에 죄책감을 느낀다. 이 단계의 여성은 자신의 가치를 인정하는 동시에 정신적인 여과 장치를 가지고 모든 남성을 적으로 보거나 과소평가하면서 젠더를 양극화하기 쉽다. 역차별은 필요악이라고 주장하기도 한다. 바로 이 책의 논조를 가장 받아들이기 힘든 단계라 할 것이다. 세 번째 '새겨둠' 단계는 점차 여성 자아의 가치를 인정하며 유연하고 긍정적인 여성주의 정체성에 이른다. 양극화된 입장에서 벗어나 자신을 새 인격으로 재구성하기 시작하는데, 이 책은 바로 이 단계 여성들의 내적 성숙과 통합에 기여할 것이다. 마지막으로 '참여' 단계에 이른 여성은 자신의 권리와 성역할 초월을 지지하는 미래 창조에 기여한다. 시드라 스톤은 참여 단계에서 성역할 초월을 가능하게 하는 지혜와 기술을 이 책 후반부에서 잘 보여준다.

한편, 내면의 극단적인 가모장성에 지배당하는 여성도 이 책을 오해할 수 있다.(참고로, 개그우먼 김숙의 유머 코드로 유행한 '가모장'은 가모장이 아니고 가부장을 미러링한 것이다.) 내면 가부장의 반대편에 위치한 내면 가모장은 어리고 약한 존재를 살리고 돌보고 양육하길 원한다. 이에 대한 젠더적인 편견은 없지만 자칫 이 에너지가 극단적으로 활성화 하면 여성이 남성보다 우월하다고 여기고 남성의 힘을 억압하거나 남성혐오를 만들어낸다. 모든 혐오는 언제나 반작용을 일으키기 마련이다. 나는 극단적인 가모장성 역시 '눈뜸' 단계에서 일어나는 일련의 과정이자 통합의 여정으로 본다. 우리는 본래 어느 의식의 단계에서만 머무를 수 없는 장엄하고 영적인 존재임을 늘 기억해야 할 것이다.

영성은 내가 누구인지를 질문하고 대답하는 영역이다. 우리를 근원에서 멀어지게 하는 걸림돌이 무엇인지 알아차려 그것을 옆으로 치우는 작업을 포함한다. 따라서 영적인 삶은 의식을 지배하는 걸림돌, 즉 이분법을 해소하고 통합해나가는 과정이라 할 수 있다. 이분법 중에서도 가장 광범위하고 깊숙이 침투하여 우리 무의식까지 지배하는 것이 바로 젠더 이분법이다. 하지만 대부분의 영성 서적은 젠더 문제를 등한시하거나 심도 있게 다루지 않는다. 젠더의식이 부족한 영적 지도자/구루가 저술했기 때문이다. 기울어진 운동장에 가부좌를 틀고 앉아 자신의 뼈가 뒤틀린 줄도 모르고 빛을 좇는 낡은 영성과 작별할 때가 되었음을 독자들은 이 책을 통해 확인할 수 있을 것이다. 저자는 내면의 각 자아와 '자각 의식'이 보내는 정보를 모두 받아들여 내면 시스템의 조화와 균형을 이루게 하는 '깨어 있는 에고'의 역할을 강조한다. 즉 알아차림을 갖고 정신세계를 운영해나가는 '깨어 있는 에고'의 상태에 있을 때, 내면의 자아들이 벌이는 갈등을 해소할 수 있다는 주장이다.

'젠더/자아초월 심리학' 혹은 '자아초월적 여성주의 심리치료'의 지평을 열어준 이 기념비적인 작품을 세상에 내놓은 시드라 레비 스톤 박사와 자아들의 심리학을 함께 개척한 할 스톤 박사께 깊은 존경과 감사를 보낸다.

역자들은 서로의 그림자 왕 통합 작업을 응원하며 함께 도약할 수 있었다. 번역과 책 읽기 모임을 진행하는 동안 우리 내면에 존재하는 그림자 왕의 목소리를 점점 선명하게 들을 수 있었다. 그 목소리가 삶에 어떤 제한을 가져오고 또 반대로 어떤 기여를 하는지 더 잘 알아차릴 수 있었다. 그 결과 자신의 힘을 더 존중하고 의식하며 쓰게 되었고 현실 속 남성들과의 관계가 더욱 편안해졌다. 부모님에 대한 이해가 깊어지고 함께 자란 자매·형제들에게 더 깊은 우애를 느끼게 된 것도 큰 소득이다. 역자 이정규는 동생이 길을 잃고 헤맬 때조차 그 여정을 인내와 애정으로 믿고 지켜봐 준 두 언니에게 감사드린다.

책의 가치를 한눈에 척 알아봐주신 도서출판 사우의 문채원 대표님께 깊이 감사드린다. 역자들의 멘토이자 출간을 누구보다 지지하고 기뻐해주신 왕인순 선생님, 역자들에게 힘을 불어넣고 문장을 매만져주신 문양효숙 님, 번역 작업을 매듭짓고 출판하는 데 결정적인 도움을 주신 치유 글쓰기 전문가 박미라 선생님, 여성주의 상담가가 어떻게 자아초월적 삶을 지향할 수 있는지 보여주신 김민예숙 선생님께 감사드린다. 책 읽기 모임에 함께했던 참여자 한 분 한 분 손잡고 고마움을 표현하고 싶다. 그분들의 동참과 응원은 정말 큰 힘이 되었다. 마지막으로 이 땅의 모든 페미니스트들에게 자매애를 전하며, 특히 먼저 길을 열어주신 여성운동가 선배님들의 존엄에 고개 숙인다.

이 책이 세상과 개인 내면에 존재하는 젠더 이분법을 동시에 다루고 넘어서는 안내서가 되길, 또한 가부장제로 상처 입은 모든 영혼에게 위안이 되길 바라며….

2019년 2월 파주에서
역자들을 대표하여 백윤영미 씀

차례

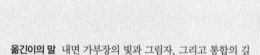

1부 우리가 미처 몰랐던 내면 가부장의 활약

1장 내면 가부장의 신념

모든 여성적인 것은 하찮다 | 지혜롭고 강한 여성은 섹시하지가 않아 | 여성이 자신의 재능을 바라보는 방식 | 결혼을 꿈꾸다니, 나약하기도 하지 | 여성이 관능에 대한 권리를 주장한다면

2장 내면 가부장의 민낯

보이지 않는 적이 더 위험하다 | 내면 가부장, 아버지가 아니라 어머니가 딸에게 물려준다 | 내면 가부장이 두려워하는 것 | 직장에서는 호랑이, 집에서는 어린아이인 여성의 속사정 | 내면 가부장이 하는 말: "여자들은……" | 여성은 귀한 보석이라 울타리 안에 있어야 | 다른 여성에게 우월감을 느끼는 여성: 내면 가부장의 유산 | 남성에게도 내면 가부장이 있다 | 테레사 수녀의 내면 가부장 | 가부장과 싸우기 위해 남성이 되기

4부 새로운 길

the Shadow King

서문

———

외부가 아닌
내면에서 우리를 통제하는 힘

나는 남자아이와 철자 맞히기 놀이를 하고 있었다. 내가 이기던 중이라 기분이 좋았다. 탁자 맞은편에 앉은 상대를 가볍게 앞서나가며 내 정신이 강력한 기계처럼 작동하는 것을 느낄 수 있었다. 당시 내가 우러러보던 그리스 여신 아탈란테¹가 된 것 같았다. 아탈란테 여신은 남녀를 불문하고 누구보다 달리기가 빨랐는데, 나는 꼭 그녀처럼 되고 싶었다. 그때 지나가던 어머니들이 방 안을 들여다보고는 상황을 눈치 챘다. 우리 어머니는 날 불러내더니 은밀한 목소리로 속삭였다. "저 애가 이기게 해주렴. 저 애 기분이 좋아지게 말이야. 알잖니? 남자애들이 여자애한테 지기 싫어하는 거." 나는 자리로 돌아와 내 본분을 다해 게임에서 져주었다. 어머니는 좋은 의도에서 내가 앞으로 살아가며 따라야 할 미묘한 규칙을 가르쳐준 것이었다. 다시 말해 여성으로서의 내 행동을 지배할 '내면 가부장'이 형성되도록 도왔던 거다.

철자 맞히기 놀이에서 내 승리가 저지된 지 50년이 지났다. 그동안 여성에게는 무수한 변화가 있었다. 이제는 여성에게 승리가 허용되고, 누구도 딸들에게 우리 어머니처럼 말하지 않는다. 규칙이 달라졌다. 페미니스트들의 활동 덕분에 경쟁의 장이 남녀 모두에게 과거에 비해 훨씬 더 공평해졌다. 우리 문화를 지배해온 가부장제에 문제가 제기되었고, 이에 따라 주요한 변화가 일어났다. 아직 갈 길이 남은 것은 사실이지만, 이 책은 그런 체제 변화에 대해 논하려는 것이 아니다.

이 책은 우리 자신의 변화를 다룬다. 외부 체계가 달라졌음에도 우리의 신념 체계는 변하지 않았다. 각자 내면세계에는 낡은 가부장제의 규칙과 가치를 지속적으로 추구하는 내면 가부장이 존재한다. 우리 어머니들이 가르쳐준 규칙과 가치 말이다. 내면 가부장은 외부가 아닌 내부에서 우리를 통제한다. 인식의 경계 너머에서 작동하기 때문에 우리는 내면 가부장의 존재를 인식하지 못하기 십상이다. 무의식의 그림자로 우리를 통제하므로, 나는 내면 가부장을 '그림자 왕The Shadow King'이라고도 부른다. 우리가 그림자 왕의 존재에 대해 무지할 때 그는 우리의 적이 된다.

다시 말하는데 그림자 왕이라는 적은 '바깥'이 아닌 우리 내면 깊은 곳에 존재한다. 이 사실은 알고 보면 우리에게 아주 유리하다. 타인의 신념이 아니라 자신의 신념을 다루는 만큼, 우리가 원하는 변화를 일으킬 수 있는 힘이 우리에게 있기 때문이다.

이 책에 대하여

이 책은 일차적으로 여성 독자를 위한 책이지만, 남성 독자에게도 가치가 있다. 남성 독자는 자신의 내부에 존재하는 내면 가부장에 대해 배울 뿐 아니라, 살아가면서 만나는 여성들에 대해 좀 더 깊이 이해하게 될 것이다.

이 책에는 내면 가부장을 발견하고 변화시키는 데 필요한 정보와 도구가 들어 있다. 독자는 그림자 왕이 지배하는 무의식의 영역에 빛을 비추어 자신만의 신념을 발견하고, 나아가 그러한 신념을 의식적으로 평가할 수 있게 될 것이다. 이 책은 우리가 원하는 변화를 위한 효과적인 도구를 제시한다.

1부에서는 그림자 왕을 소개한다. 여성에게, 그리고 여성이 살아가는 문화의 가치에 그림자 왕이 미치는 미묘한 영향을 그려 보인다. 내가 처음으로 그림자 왕, 즉 내면 가부장을 대면했을 때를 설명하고 그림자 왕의 정체와 기능을 개괄적으로 제시한다. 2부에서는 내가 알게 된 내면 가부장에 대한 심층 연구를 집중해서 다룬다. 3부에서는 여성들이 과거에 그림자 왕을 어떻게 다뤄왔는지 말한다. 이어서 4부에서는 내면 가부장을 대하는 새로운 방식을 제시한다. 내면 가부장이 주는 선물을 평가하고 더불어 그를 적에서 동지로 변화시킬 몇 가지 효과적인 방법을 담았다. 마지막으로 우리가 나아갈 새로운 길, 즉 남성과 여성이 완전하고 창조적인 파트너가 될 수 있는 방법에 대해 언급하며 마무리할 것이다.

배경

나는 손에 잡히지 않는 이 지배자에 대해 오랜 기간 연구했다. 개인적인 체험에 덧붙여 수천 명의 남녀와 그들 안에 있는 내면 가부장에 대해 이야기해왔다. 이 책의 내용은 그런 직접 경험에서 나온 것이다. 사생활 보호를 위해 관련 인물은 가명을 썼다.

나와 다른 여성들의 내면 가부장에 대해 알게 되자 분명한 패턴이 드러났다. 내면 가부장이 일이나 관계의 측면에서 어떻게 여성을 열등한 위치로 내모는지 볼 수 있었다. 내면 가부장은 여성이 자신을 불신하도록 만든다. 뿐만 아니라 다른 여성들도 신뢰할 수 없게 만든다. 내면 가부장은 여성과, 전통적으로 여성적이라고 알려진 요소들보다 남성과 전통적으로 남성적이라 여기는 특질을 신뢰하고 가치를 부여한다.

나는 내면 가부장이 우리가 여성이라는 이유만으로 여성과 여성이 한 일을 하찮게 여기는 모습을 지속적으로 목격했다. 여성들은 동일한 노동에 대해 동일한 임금을 기대할 권리가 있는데도, 아직 우리의 노동을 동등하다고 인정하는 지점에 도달하지 못했다. 내면 가부장은 우리보다 남성들의 성취를 한층 더 인정한다. 여성이 하는 일은 남성이 하는 일만큼 중요하지 않다고 생각하는 것이다. 동일한 일이라도 남성이 했을 경우에 더 중요하다고 생각한다. 이는 자신뿐 아니라 다른 여성들이 성취한 것에도 적용된다. 여기에 개인적인 감정은 없다. 내면 가부장은 모든 여성과 여성적이라 여기는 모든 것에 대해 이러한 태도를 취할 뿐이다.

젊은 시절, 가장 자부심을 느꼈던 부분은 내가 다른 여성들과 다르다는 점이었다. 내가 다른 여성들보다 더 잘났다고 생각했는데, 그건 내가 더 남성적이었기 때문이다. 나는 전문직 여성으로 분별력 있고 열심히 일하며 뛰어난 성취를 이룬 사람으로, 감정 때문에 일이 방해받는 경우는 없었다. 아이를 낳기 전까지는 전업주부 엄마들보다 내가 훨씬 더 나은 여자라고 여겼다. 내 생각에 전업주부는 오만하고 현실에 안주하며 도전적인 일을 할 능력이 없는 부류였다. 그에 반해 나는 참으로 중요한 일을 하는 사람이었다. 베티 프리단의 『여성의 신비』The Feminine Mystique[2]가 처음 나왔을 때, 부끄럽지만 나는 이렇게 반응한 것으로 기억한다. "저 책 때문에 문제가 생기겠어. 여자들을 다루기 힘들게 될 거야. 여자들이 다 밖으로 나가서 (냉소적으로) 자아실현을 하겠다고 하면 아이들과 가정은 대체 누가 돌보라는 거야?" 당연히 나는 계속 일을 할 터였지만, 잘난 나는 예외였다. 아니, 적어도 그렇게 생각했다. 평범한 여자들의 일은 집에서 다른 사람을 돌보는 것이었다.

이제 나는 이 태도가 잘 발달된 내면 가부장이 존재한다는 증거임을 안다. 당시 내면 가부장이 내 삶에서 주요한 역할을 했음에도 나는 그 존재에 대해 무지했다. 내면 가부장은 결혼 생활과 직장 생활에서 내 행동을 지배했다. 계속 내 삶 속의 남자들을 '적절하게' 따름으로써 내 힘을 제한하도록 했다. 여성을 불신하고 남자들만 신뢰하도록 부추겼다. 나는 내면 가부장의 기준에서 나약하고 비이성적이며 여성적으로 보이는 행동은 전부 삼갔다. 내 여성성은 남성들을 기쁘게 할 때만 적절한 것이었다.

내면 가부장에 대해 공부하고 그를 통해 배우면서 나는 내면 가부장이 내게 영향을 미치는 방식을 변화시킬 수 있었다. 이런 변화는 ① 남성들과의 친밀한 관계와 ② 세상 속 나의 힘이라는 두 영역에서 특히 도움이 되었다. 나는 나의 내면 가부장이 추구하는 가치가 상당히 존중할 만하며 그가 세상에 대해서, 특히 남성들의 세상에 대해 상당히 잘 알고 있다고 느꼈다. 그는 허용되는 것과 허용되지 않는 것을 알고 있었다. 내가 힘을 기르면서도 어떻게 하면 전통적인 여성의 특성을 유지할 수 있는지도 알고 있었다.

변화는 매우 만족스러웠다. 남편과의 관계는 늘 좋았지만, 전보다 더 풍성하고 객관적이며 동등해졌다. 우리는 진정한 파트너가 됐다. 이런 변화 덕분에 나는 결혼 14년 만에 거부감 없이 남편의 성을 따라 내 성을 바꿀 수 있었다. 성을 바꿈으로써 우리 부부의 친밀한 관계를 확인하는 것 같았고, 나의 독립적인 정체성을 잃어버린 채 부속물이나 소유물이 되는 듯한 느낌도 더는 들지 않았다.

힘에 대해 말하자면, 여성적인 힘을 세상에 드러내는 게 편안해졌다. 이전에 내 힘은 내면 가부장이 받아들일 만한 것, 곧 정신의 힘에만 국한되어 있었다. 이전의 나는 남성을 모방하려 애썼지만, 어쩔 수 없이 '명예 남성imitation man'에 불과했다. 내면 가부장이 변화하면서 나는 여성적인 힘을 지닌 여성이 되었다. 전통적인 남성적 힘과는 차별화된 나만의 힘과 존재 방식을 내세울 수 있게 되었다.

변화 만들기

내면 가부장이 추구하는 가부장적인 신념과 규칙에는 많은 가치가 내재되어 있다. 우리는 변화를 만들어가면서 조심스럽고 존중하는 태도를 취해야 한다. 그림자 왕이 주는 선물을 받아들이는 동시에 그가 우리에게 주려는 굴욕과 한계를 거부할 수 있다. 우리에게 도움이 되는 것은 간직하고, 제한적으로 보이는 것은 변형할 수 있다는 뜻이다. 우리는 내면의 존엄성과 함께 남성성과 여성성이 균형 잡힌 힘을 복구할 수 있다. 알 수 없는 힘에 자동적으로 반응하기보다 무엇을 할 것인지 선택할 수 있다. 내면 가부장이 지닌 신념 체계가 변화함에 따라, 역경에 맞닥뜨렸을 때 굴하지 않는 그의 능력이 큰 자산이 될 수 있다.

이런 변화가 가능하려면 우선 내면 가부장에 대해 배워야만 한다. 그는 어디서 왔는가? 어떤 목소리를 가졌나? 삶에 어떤 영향을 미치나? 우리는 그의 목소리를 듣고 그가 가진 신념, 규칙, 가치 등에 대해 배우게 될 것이다. 우리는 그를 그림자 밖으로 끌어내서 그가 더 이상 그림자 왕으로 존재하지 않도록 할 것이다. 일단 이런 과정을 거치면 그에게 직접 접근할 수 있다. 무의식적이던 것을 의식화할 수 있다. 진정한 변화는 그 시점에서 가능하다.

목소리 대화법과 자아들의 심리학

먼저 내가 그림자 왕을 연구하는 데 사용한 기본 도구에 대해 간략히 소개하겠다. 인간은 생각처럼 그리 단순하지 않다. 우리의 정신 세계는 많은 부분으로 이루어져 있다. 그중 우리가 알고 있는 부분도 있지만, 그 밖의 부분들은 무의식에 감춰져 있다. 사람들은 모두 자신의 어떤 부분은 자랑스러워하는 반면 어떤 부분은 수치스러워한다.

남편 할 스톤과 나는 심리학자로, 지난 24년간 '자아들selves'이라 불리는 인간 정신의 여러 부분을 연구해왔다. 어떤 이들은 자아를 '목소리', '하부 인격', 또는 '수많은 나'라고 부른다. 우리 모두는 자아들로 구성되어 있다. 자아들이 삶에서 담당하는 역할에 대한 연구를 우리 부부는 '자아들의 심리학'이라고 부른다. 내면 가부장에 대한 나의 연구는 자아들에 대한 우리 부부의 공동 연구에서 파생된 것이기 때문에, 우리 작업에 대해 짧게 설명하려고 한다.[3]

자아들을 발견하고, 그것이 진짜임을 알게 되고, 사람들(물론 우리 자신을 포함해서)의 삶에서 이들이 어떻게 작동하는지 발견하고는 무척 놀랐다. 우리는 수년간 끊임없이 자아들에 천착했고, 각각의 자아가 독특하다는 사실을 발견했다. 자아에는 각자 나름의 모습, 역사, 가치와 전문 영역이 존재한다. 우리에게는 좋은 자아도, 나쁜 자아도 없다.

각 자아에는 나름의 장단점이 있다. 예를 들어, 내게는 '밀어붙이는 자pusher'라는 자아가 있다. 밀어붙이는 자는 내가 일을 끝내기를 바란다. 이 책을 쓰기를 원한다. 방금 전 아름다운 봄날 해먹에서 여유를 즐기던 나를 끌어내 컴퓨터 앞에 앉힌 것도 바로 이 밀어붙이는 자다. 이 자아가 없었다면 나는 아무것도 마무리할 수 없었을 게 틀림없다! 지금 같은 순간, 산만해지지 않도록 나를 밀어붙이는 자가 간절히 필요하다. 하지만 그는 아주 부적절한 순간에도 나를 무자비하게 밀어붙일 수 있다. 일할 필요가 없을 때도 내가 일해야 한다고 느끼게 할 수 있다. 밀어붙이는 자는 휴식이나 그냥 '있는 것being'을 용납하지 않는다. 그는 '행동하는' 자아임이 분명하다.

우리 삶은 '일차적 자아primary selves'라 불리는 자아들의 지배를 받는다. 이들은 우리가 누구이며 무엇을 할지 결정한다. 우리가 각자 '나' 자신이라고 생각하는 자아이기도 하다. 밀어붙이는 자는 내 일차적 자아 중 하나다. 그 반대편에는 '외면당한 자아disowned selves'라 불리는, 버림받거나 억압당한 자아들이 있다. 나의 외면당한 자아는 해변의 게으름뱅이다. 일차적 자아들은 이런 외면당한 자아를 판단하고 두려워한다. 내 밀어붙이는 자는 해변의 게으름뱅이를 두려워한다. 내가 해변에서 너무 오래 쉬면 일하는 방법을 잊어버리고 결국 쓸모없어질까 봐 두려워한다. 밀어붙이는 자의 세계에서는 쓸모없는 인간이 되는 것을 절대 허용하지 않는다.

현재는 밀어붙이는 자가 나의 일차적 자아다. 내 안에 있는 해변의 게으름뱅이나 파티걸에 접근하지 못하면 나는 휴가 기간 내내 일만 하게 될 것이다. 밀어붙이는 자는 열대의 섬으로 여행을 떠날 때, 평소 읽지 않는 지루한 논문을 가져가도록 만드는 자다. 이 자아의 사고방식으로 보자면, 섬에서는 딱히 할 일이 없을 테고 따라서 논문을 읽을 시간이 드디어 생길 것이기 때문이다. 밀어붙이는 자는 엄청나게 효율적인 자신이 자랑스러울 것이다. 남편이 내 관심을 받고 싶을 수 있다거나, 내게도 약간의 로맨스가 필요하다는 사실 따위는 안중에 없다. 게다가 인터넷 덕분에 어디서나 사무를 볼 수 있으니 장소를 불문하고 읽고 쓸 수 있고 전 세계 어디로든 팩스나 이메일을 보내고 전화를 걸 수 있지 않은가. 나를 포함해 세상의 모든 밀어붙이는 자들에게는 정말 천국이 따로 없다.

만약 내가 이런 자아들에 대해 모른다면, 내 삶에는 선택권이 없을 것이다. 나는 그저 자동적으로 행동할 것이다. 밀어붙이는 자가 내 삶을 이끌어갈 것이고, 나는 할 일이 없을 때마다 불안해질 것이다.

하지만 우리는 모두 자아들에 대해 배울 수 있다. 자아들과 거리를 둘 수 있으며, 언제 어떤 자아를 등장시킬지 선택할 수 있다. 나는 글을 써야 할 때 해변의 게으름뱅이가 나타나거나, 반대로 로맨스를 위한 시간에 밀어붙이는 자가 나타나는 것을 원치 않는다.

우리 부부는 자아들에 대한 것을 어떻게 알았을까? 바로 우리가 발견한, 간단하지만 놀랍도록 효과적인 '목소리 대화법' 덕분이었다. 우리는 자아들에게 직접 말을 걸기만 하면 된다. 나의 밀어붙이는 자를 예로 들어보자. 밀어붙이는 자에 대해서 알고 싶을 경우, 나는 누군가에게 내 안의 밀어붙이는 자를 인터뷰해달라고 부탁한다. 우리는 이 인터뷰 진행자를 '촉진자facilitator'라고 부른다. 나는 그 대상이 된다. 밀어붙이는 자가 인터뷰 상대인 자아다. 우리는 자아들이 이야기를 나눌 때 더 행복해한다는 것을 알게 되었다.

목소리 대화법은 어떻게 진행될까? 촉진자는 나(대상)에게 나의 밀어붙이는 자가 있는 곳으로 이동해달라고 요청하고, 나는 방 안에서 자리를 이동한다. 의자를 들고 옮기거나 아예 다른 의자로 바꿔앉을 수도 있고, 바닥에 앉든 서 있든 적절하게 이동한다. 밀어붙이는 자는 내가 앉았던 자리에는 앉지 않는다. 이렇게 하면 밀어붙이는 자를 나에게서 분리하는 데 도움이 된다. 그 뒤 촉진자는 밀어붙이는 자에게 말을 걸고 질문을 한다. 촉진자가 자아들에 관해 알고 있고, 진심 어린 존중과 관심을 보내면, 자아는 편안하게 응답한다. 이 경우 나의 밀어붙이는 자는 상당한 자부심을 갖고 촉진자에게 말할 것이다. "나는 많은 걸 성취했어. 학위, 책, 효율적인 양육을 맡고 있지. 시간이나 기회, 돈을 낭비한 적이 없어. 내 할 일을 정말로 훌륭하게 수행하고 있지." 확언하는데, 내 안의 밀어붙이는 자는 이런 이야기를 기꺼이, 끊임없이 이어나가며 내가 성취한 모든 것이 전부 자신 덕분이라고 말할 것이다.

이런 식으로 목소리 대화법을 활용해 남편과 나는 다양한 자아에 대해 배웠고, 나아가 그들이 행동에 영향을 미치는 방식을 알게 되었다. 이 책에서 제시하는 대부분의 사례는 목소리 대화법을 통해 수집되었다. 목소리 대화법으로 진행한 내용을 길거나 짧게 인용했다.

꿈 역시 자아들에 대해 알 수 있는 중요한 방법이다. 꿈에 나오는 인물들은 우리의 또 다른 자아를 나타낸다. 꿈을 이용해 자아들을 발견하고, 이들이 삶 속에서 어떻게 작동하는지 배울 수 있다. 예를 들어, 내가 라디오 인터뷰를 할 때 권위적이고 외향적이며 강한 태도를 보인다고 해보자. 나의 내면 가부장은 이런 태도가 여성적이지 않다고 생각하기 때문에 못마땅해하지만, 나는 이에 대해 모르고 있다. 그날 밤 나는 꿈을 꾼다. 꿈속에서 권위적이고 이성적이며 냉철한 남자(즉, 나의 내면 가부장)가 나를 감옥에 가둔다. 내가 규칙에 복종하지 않았기 때문이다. 이렇듯 내 꿈은 명확하고 객관적이며 기억할 만한 이미지를 통해 일상의 의식 너머 보이지 않는 영역에서 무슨 일이 일어나고 있는지 보여준다. 이런 식으로 나뿐 아니라 다른 사람들의 꿈을 활용해 내면 가부장이 지닌 다양한 측면을 설명할 수 있었다.

지금까지 내면 가부장과 관련한 작업의 기준에 대해 설명했다. 이제 무대가 준비되었다. 그림자 왕의 드라마를 시작해보자.

1부

우리가 미처 몰랐던
내면 가부장의 활약

1장
내면 가부장의 신념

외부의 요구는 없었다. 그러니 여성의 자기 상실에 대한 책임은 여성 각자의 내부에 존재하는 것에 있음이 명백했다. 무언가, 혹은 누군가 무의식적으로 그림자 속에서 작동하고 있었다.

모두가 몸을 앞으로 숙이고 미동도 하지 않았다. 그들은 루실이 하는 이야기에 귀를 기울이고 있었다. 방 안의 공기가 거의 액체처럼 느껴졌다. 여성들의 모임이 시작된 지 한 시간이 넘어가면서 참석자들은 점점 더 깊은 삶의 경험을 나누었다. 마치 각자가 자신의 삶에서 특별히 의미 있는 사건 기록을 꺼내 들고 이야기하는 것 같았다. 여성들만 있는 모임이었기에 특별한 경험을 자유롭게 이야기할 수 있었다. 진지한 분위기였지만 웃음도 자주 터졌다.

이들은 탄생과 삶, 그리고 죽음에 대해 이야기했다. 경외감이 고

조되고 있었다. 루실은 낙태를 묘사하고 있었다. 평범하고 딱딱한 진찰에서 시작해 유산된 태아의 피가 흥건한 침대에 누워 있는 것으로 끝난 경험이었다. 직원들이 의도적으로 루실을 혼자 내버려둔 것 같았다. 도와달라는 그녀의 요청에 아무도 답하지 않았다. 참석자 모두가 놀라서 침묵 속에 루실을 지지하며 그녀의 고통과 고독과 공포에 공감했다. 다들 낙태와 관련한 나름의 사연이 있었고, 루실의 상황에 자신을 대입해보고 있었다.

이 집단은 흡사 한 몸으로 숨 쉬는 유기체 같았다. 여성들이 다시 이야기하기 시작했다. 숨죽인 경건한 말투는 성스럽기까지 했다. 갑자기 건물 어디선가 왁자지껄한 목소리와 웃음소리가 들렸다. 남성들의 모임이 해산 중인 것 같았다. 여성들의 반응은 놀라웠다. 그들은 순식간에 자신이 하고 있던 행동이 아무 가치도 없다는 듯 바로 중단했다. 하나의 유기체는 개별적인 여성의 무리가 되어, 각자 자기 남자의 목소리에 귀를 기울이고 있었다. 경외감은 자취를 감췄고 이들의 힘은 완전히 사라지고 말았다.

이 여성들에게 무슨 일이 일어난 걸까? 대체 누가 여성들이 자기 자신이 되는 순간을 그렇게 완벽하게 방해한 것일까? 외부의 요구는 없었다. 그러니 여성의 자기 상실에 대한 책임은 여성들 각자의 내부에 존재하는 것이 명백했다. 무언가, 혹은 누군가 무의식적으로 그림자 속에서 작동하고 있었다. 당시 나는 그 같은 존재와 사건을 지칭할 이름을 알지 못했지만, 그때의 경험은 기억에 오래도록 남았다. 중요한 것을 언뜻 목격했다는 건 알았지만 그 정체가 무엇인지는 알지 못했다. 비슷한 일이 혹시나 다시 일어날까 궁금해하면서 관찰하고 기다렸다. 그리고 그런 일이 또다시 일어났다.

몇 달 후, 네덜란드에서였다. 여성들과 함께 앉아 있는 중에 불편해지기 시작했다. 대부분 아는 여성들이었는데도 마치 남을 판단하고 유머 감각이라곤 없는 낯선 남성들에 둘러싸인 듯한 느낌이 들었다. 여성 집단에서는 아무 쓸모없는 가부장들 말이다. 무슨 일이 일어나고 있는지 정확히 몰랐지만 그것이 과거에 목격한 갑작스러운 자아 상실의 순간과 관련 있다는 걸 깨달았다. 내가 이 점에 대해 묻자, 아니나 다를까 그들은 여자들만 모여서는 결코 중요한 일을 할수 없으니 남성들과 함께하는 게 더 낫다고 생각하고 있었다. 다행히 나는 이 문제를 매우 많이 다뤄봤기 때문에 나에 대한 그들의 거부를 개인적으로 받아들이지 않았다. 진심으로 호기심이 생긴 데다그 모임이 목소리 대화법 워크숍이었기에 포기하지 않고 밀고 나갔다. 여성에 대해 이런 식으로 느끼는 자아와 대화를 해볼 수 있는지물었더니 몇 명이 자원했다.

젊고 재능 있고 매우 지적인 여성 마라가 여성을 하찮게 여기는그녀의 일부분, 즉 자신의 자아와 대화를 해보고 싶다고 했다. 그것은 마라와 나 모두에게 놀라운 경험이었다! 마라는 아름답고 매력적이며 상당히 여성스러웠다. 그러나 그녀의 내면 가부장은 달랐다. 그는 남성적이고 매우 강했으며 유머 감각이라곤 없고 남을 판단하길 좋아했다. 그녀의 그림자 왕은 무의식의 그림자 속에서 작동하며그녀가 하는 행동의 많은 부분을 결정하는 내면 가부장이었다. 나의탐색은 끝났다. 내가 찾아 헤매던 신비로운 목소리를 드디어 발견한것이다.

마라의 내면 가부장은 말할 때 근엄하고 설득력이 있었다. 마치 성서 속에 나오는, 길게 늘어뜨린 가운을 걸친 인물처럼 보였다. 그는 권위로 자신을 존경할 것을 명령했다. 그를 무시하는 건 불가능했다. 그의 견해는 그 자신의 것이어서, 그를 바꾸거나 달래거나 이성적으로 설득할 방법은 없었다. 그는 세상이 어떤 곳이며 어떻게 돌아가야 하는지 자신이 정확하게 알고 있다고 굳게 확신했다. 세상이 남성에 의해 돌아가야 하며, 여성은 타고난 열등한 지위를 수용해야 한다는 의미였다.

이런 내면 가부장은 이전에 수차례 만났던 내면 비판자와는 달랐다. 나는 두 자아의 차이를 아는 게 중요하다고 생각한다. 내면 비판자는 각자의 내면에 존재하는 비판적인 목소리로, 우리가 어떤 사람이고 무엇을 해야 하는지 끊임없이 지적한다. 내면 비판자는 당신이 여성인지 남성인지 상관하지 않는다. 그저 비판하는 것을 좋아할 뿐이다. 그것이 내면 비판자가 삶에서 담당하는 역할이다. 내면 비판자는 내면 가부장에 비해 훨씬 더 개별적이고 개인적인 목소리로서, 이 또한 우리 삶에 큰 영향을 미친다.[4]

반면 내면 가부장은 마라의 젠더gender를 중요시한다. 그가 남성과 여성에 대해 가진 기대, 의견, 기준은 완전히 다르다. 이런 사고방식은 마라와 무관하고 그가 마라에 대해 품은 구체적인 감정과도 상관이 없다. 내면 가부장은 여성이라는 이유만으로 마라에게서, 사실은 여성들에게서, 어떤 좋은 것도 기대하지 않았다. 기본적으로 여성은 남성보다 열등하며 여성은 무엇으로도 그러한 사실을 바꿀 수 없다는 태도를 고수했다.

그에 반해 내면 비판자는, 각자가 자신의 '잘못'에 책임이 있으며, 따라서 충분하게 열심히 노력한다면 여성이라도 성공할 수 있다는 인상을 준다. 예를 들어, 셸리는 방금 전 장문의 보고서를 작성했다. 그녀의 내면 비판자는 보고서를 조목조목 비판하며 고칠 부분이 남아 있다고 알려준다. 이어서 그녀가 작성한 보고서가 알리시아의 보고서보다 못하다고 지적한다. 셸리는 더 이상 수정할 수 없는 시점까지 계속 보고서를 수정한다. 사실 보고서는 꽤 괜찮았다. 하지만 셸리의 내면 비판자는 거기서 멈추지 않는다. 이제 알리시아의 보고서보다는 낮지만 셸리가 부서장으로 승진하는 데 기여한 초기의 보고서보다는 못하다고 말한다. 내면 비판자는 결코 만족하는 법이 없고, 성공하려면 더 열심히 노력해야 한다며 지속적으로 몰아붙인다. 반면, 셸리의 내면 가부장은 보고서를 보며 여자가 이 정도 했으면 됐다고 알려준다. 그의 눈에는 그녀가 하는 일이 남자들이 하는 일만큼 훌륭하거나 중요할 수 없다.

모든 여성적인 것은 하찮다

마라의 내면 가부장이 하는 말을 들으며, 나는 그가 외부 가부장제의 내부 대변인임을 알았다. 여성이 자기 자신을 바라보는 방식과 세상에서 여성의 역할을 바라보는 방식에 내면 가부장이 지대한 영향을 미친다는 걸 깨달았다. 내면 가부장은 인간을 남성과 여성으로 나누고, 두 집단이 근본적으로 다르다고 보았다. 남녀 각 집단에게는 각자 권력이 미치는 영역 또는 장^{arena}이 있으며, 아울러 세상에서 사용하도록 받은 고유한 선물이 있다. 남성이 받은 선물은 중요한 반면, 여성이 받은 선물은 부수적이다. 전통적으로 남성의 힘은 지지를 받았으나, 여성의 힘은 파괴되었다.

나는 내면 가부장이 가져다준 두 가지 실제 결과를 보았다. 첫째, 내면 가부장은 우리를 여성으로 정의하며 진정한 여성이라면 어때야 하는지, 여성의 능력과 한계는 무엇인지 정해준다. 둘째, 내면 가부장은 모든 여성적인 것들과 여성이 하는 일을 하찮게 여긴다. 즉, 세상에서 전통적으로 여성의 영역에 속하는 부분을 과소평가한다. 이 부분들은 여성뿐 아니라 남성 안에 존재할 때도 과소평가된다. 인간으로서 우리는 태어나면서 받은 선물의 절반, 즉 전통적으로 여성과 연관된 선물이 중요하지 않거나 사실상 가치가 없다고 학습한다. 이런 학습은 매우 큰 문화적 영향을 미치기 때문에 이 선물에 대해 생각해보도록 하겠다.

지혜롭고 강한 여성은 섹시하지가 않아

나는 꿈을 꾼다. 재판관 앞에 서야 하는 상황이다. 재판관은 믿음직스럽고 책임감 있으며 권위 있는 인물로 보인다. 나는 포장된 상자를 들고 있다. 소중하고 강력한 것이 담긴 상자다. 마치 가장 깊은 심연에 존재하는 여성의 본성에서 비롯한 선물처럼 느껴진다. 이 선물을 제대로 포장하려고 공을 많이 들였다. 혹시나 눌릴까 내용물 주변에 공간을 남기고, 행여 부서질까 상자에 신경을 썼다. 나는 세심하게 광을 낸 황동 촛대도 아주 조심스럽게 들고 있다.

촛대에는 초가 꽂혀 있다.

나의 딜레마는 이렇다. 이 상자를 누군가에게 전달해서 상자를 열어보고 내용물을 쓸 수 있게 해야 할까? 아니면 초에 불을 붙이고 나만의 노래를 불러야 할까? 내 앞의 재판관에게 포장된 상태로 상자를 넘겨준다면 나는 안전하다고 느낄 것이다. 내용물에 대해 책임을 지지 않아도 되기 때문이다. 그러나 상자를 넘겨주면 내용물을 마음대로 처리할 권리를 재판관이 갖게 되고, 나는 초에 불을 붙이고 나만의 노래를 부를 권리를 박탈당할 것이다.

이 재판관이 나의 내면 가부장이다. 그리고 이 꿈은 여성으로서 나의 딜레마를 분명하게 보여준다. 내가 내면 가부장에게 상자를 넘기면 그는 내용물에 관해 결정을 내리고 내 인생을 마음대로 관리할 것이다. 나는 남성보다 열등하다고 느낄 테지만, 동시에 안전하고 비난받지 않으며 보호받을 것이다. 그의 명령을 따르면 문제가 생기지 않을 것이다. 상자를 간직한다면 나만의 힘과 개별성을 갖겠지만, 동시에 선물은 오롯이 나의 책임이 될 것이다.

이 상자 안에 담긴 여성성의 선물과 근본적인 힘의 원천은 구체적으로 무엇일까? 나는 여성으로서, 딸로서, 딸을 가진 어머니로서, 심리학자로서 이 질문에 대해 깊이 생각했다. 나는 여성의 섹슈얼리티가 지닌 힘, 타인을 매혹하는 능력, 관계에 대한 강렬한 욕구, 타인을 지지하고 돌보는 능력, 마지막으로 당연히, 아이를 낳을 수 있는 능력 등이 여성성의 선물이라고 본다. 하지만 우리 내면의 목소리, 즉 우리를 기르고 보호해온 가부장적 문화에 깊이 뿌리 내린 내면 가부장은 우리가 여성성의 선물을 누릴 권리를 앗아갔다. 적어도 이 선물을 무시하거나, 최악의 경우에는 우리가 그것을 소유하고 있음을 부끄럽게 여기도록 만든다.

우리는 전통적인 여성의 선물을 진정한 힘의 원천으로 존중하고 계발하는 방법을 배우지 못했다. 여성의 선물은 평가 절하되었다. 또한 전통적인 남성적 본성에 가까운 면모를 성장 과정에 포함시키는 방법을 아무도 보여주지 않았다. 어린 소녀에서 여성으로 자라나는 시기에 본보기로 삼을 유명한 신화나 성숙한 여성 영웅이 거의 없었다. 여성적 본성과 힘을 동시에 계발한 예를 거의 접하지 못했다. 우리 문화에서, 여성적인 것과 강력한 힘은 서로 명백히 다르다. 아름답고 사랑스럽고 섹시한 여성을 보면 자동적으로 그녀가 지혜나 힘과는 거리가 멀다고 추측한다. 반대의 경우도 마찬가지다. 지혜와 힘이 있는 여성을 (그녀가 실제 그렇다 해도) 사랑스럽고 섹시하다고 생각하는 경우는 드물다.

모성과 힘 또한 분리되어 있는 것 같다. 부성과 힘 사이에는 분열이 존재하지 않는다. 현명하고 잘 베풀고 잘생겼으며 강력한 왕 또는 신이 아버지이기도 한 이야기는 많이 있지만, 성숙하고 현명하고 자애롭고 육감적이고 아름다우면서 강한 여왕이 어머니이기도 한 이야기는 전무하다. 여왕, 특히 어머니인 여왕은 위대한 지도자이기보다는 방해물이나 문젯거리로 그려진다. '사악한 여왕'은 '훌륭한 왕'의 이미지만큼 흔하다.

하지만 이런 현상이 지구상 어디에나 나타나는 것은 아니다. 일부 오래된 토착 문화에서는 여성의 타고난 힘을 존중한다. 진정한 여성이면서 힘도 가질 수 있다. 사려 깊은 미국 여성인 캐럴린 콩거는 뉴질랜드 토착민인 마오리족과 만난 이야기를 들려주었다. 그녀가 뉴질랜드를 방문했을 때, 마오리족의 치유자들이 한자리에 모여 국제적인 치유 공동체의 존경받는 일원으로 그녀를 맞이했다.

모임 장소에 들어가기 전에 캐럴린은 바닥에 앉아 있는 남성의 다리를 넘어가지 말라는 요청을 받았다. 그녀의 질이 너무도 강력한 힘이 있어서, 그 남성의 힘을 다 빨아들여버릴 것이라는 게 이유였다. 모임이 진행되는 내내 마오리족의 최고 샤먼은 절대 그녀의 눈을 똑바로 쳐다보지 않았다. 그는 그녀가 지닌 힘을 볼 수 있었고, 그녀가 자신에게서 무언가를 가져갈까 봐 두려워했다.

이처럼 불평등한 힘을 갖는 상황으로 가자거나 마오리족의 신념 체계를 가져오자고 주장하려는 게 아니다. 그러나 마오리족에게서 배울 점이 분명히 있다고 생각한다. 이제, 여성이 인류에게 전통적으로 제공해온 고유한 재능, 지금 이 순간에도 여전히 내면 가부장의 평가와 통제하에 있는 바로 그 재능에 대해 알아보도록 하자.

여성이 자신의 재능을 바라보는 방식

본질적으로 여성에게는 지구에서 인류의 삶을 지속시킬 책임이 있다. 생명 창조에는 여성이 필요하다. 여성에게는 생명을 파괴할 능력도 있다. 여성들이 더 이상 아이를 갖지 않기로 한다면, 아이를 양육하지 않는다면, 지구상에서 (우리가 알고 있는) 인간의 삶은 더 이상 지속되지 못할 것이다. 이는 오랫동안 지배적인 위치에 있었던 가부장 문화에서 간과해온 사실이다. 근본적으로 여성을 이 세상에서 쓸모없고 어떤 힘도 타고나지 않은 존재로 보는 내면 가부장 또한 이점을 간과한다.

과학이 발달한 덕분에 인류는 이제 남성 없이도 생명을 창조할 수 있게 되었다. 마음만 먹는다면 유전적으로 가장 완벽한 인간을 선택해서 낳을 수도 있다. 하지만 태아기의 영양 공급과 발달 과정에서 여성의 역할을 대체할 방법, 그리고 출산 후에 부모의 사랑과 관계에서 받는 자양분을 대체할 방법은 아직 찾지 못했다.

아기에게는 애정 어린 보살핌의 손길이 반드시 필요하다. 이를 통해서만 온전하게 성장할 수 있다. 이런 손길을 못 받을 경우, 아이는 상처 입고 비사회적인 인간이 되어 개인적으로 불행해지고, 최악의 경우 타인에게 위험한 존재가 된다. 아이를 양육하고 마음을 다해 보살피며 자신보다 아이의 정서적·신체적 필요를 우선하는 능력은 우리 문화에서 기본적으로 여성적인 것, 여성의 자질로 인식돼왔다. 내면 가부장은 이를 여성다움으로 보고, 따라서 당연히 하찮은 일이라고 생각한다. 시장에서 일하는 사람은 보상을 받지만 어머니들의 훌륭한 업적은 보상받지 못한다. 집안일을 잘했다고 상여금을 기대하는 어머니는 상상도 할 수 없겠지만, 같은 여성이 회사에서 신제품을 개발하거나 새로운 수입원을 창출해내면 분명 상여금을 줄 것이다.

집안일을 꾸려나가고 아이들의 요구를 진심으로 들어주는 게 얼마나 복잡한 일인지 세상은 이제 막 인정하기 시작했다. 하지만 내면 가부장은 여기서도 뒤처져 있다. 나의 내면 가부장만 해도 어머니가 되어 아이들을 키운다는 게 어떤 것인지 알게 되었는데도 양육의 노고를 전혀 내게 치하하지 않았다. 그는 내가 아이를 키운다는 점을 결코 높이 평가하지 않았고, 언제나 양육을 '진짜 삶 real life'으로부터의 휴가처럼 생각했다. 내가 집에서 책임감 있고 사려 깊은 어머니처럼 행동한다는 점은 인정했지만, 오직 내가 직업적으로 활발히 일할 때만 나를 진심으로 존중했다.

내가 처음으로 내면 가부장과 분리되어 그의 가치를 의심하게 된 것은 직장에서 겪은 특별한 일 때문이었다. 나는 사춘기 소녀를 대상으로 하는 치료센터의 센터장이 되었다. 아주 힘든 자리였다. 직원 35명과 기관의 재정을 (필요한 기금을 모집하고 경비를 현명하게 잘 사용하는 등 모든 면에서) 관리했고, 건물, 프로그램, 센터에 거주하는 사고뭉치 소녀들, 센터 내 학교, 24시간 감독과 치료 등에 대한 책임을 맡고 있었다. 어떻게 그 모든 일을 다 놓치지 않고 파악하느냐는 질문을 자주 받았다. 진심으로 나는 이렇게 대답했다. "이 일이 아주 부담도 크고 흥미로운 일이긴 하지만, 집에서 전업으로 아이 셋을 키우는 것보다는 훨씬 쉬워요. 게다가 일을 나눠서 할 직원도 있고, 보수도 받고, 내 일에 대해 인정도 받고요." 나는 직접 겪었기에 이를 알았고, 나의 내면 가부장은 달리 나를 설득할 수 없었다.

이렇게 우리는 내면 가부장이 외부 가부장제의 가치를 반영한다는 것, 그리고 여성이 자신의 재능을 바라보는 방식에 내면 가부장이 어떤 영향을 미치는지 목격할 수 있다. 언제나 이런 식이었던 건 아니다. 모계 중심 사회가 무너지기 전, 그리고 가부장제가 발전하기 전에는 달랐다. 고대 모계 중심의 농업 사회에서 대다수 신은 여신이었고, 위대한 어머니^{the Great Mother}는 최고의 신으로 숭배되었다. 남성 사제뿐 아니라 여성 사제도 있었다. 종교는 물론 법률 체계도 여성을 존중했다. 혈통법과 상속법 모두 모계를 따랐고, 여성이 지배적 위치에 있진 않더라도 최소한 동등하게 정치적, 종교적, 경제적 힘을 가졌다. 약 6000년 전, 가부장제가 이 상황을 전복시켰다. 이런 변화로 인해 가부장제하에서 나름의 새로운 선물이 생겨났지만, 이전 시대에 받은 선물은 평가 절하되었다. 여성이 받은 선물에 대한 인식이 어떤 연유로 변화하게 되었는지 살펴보자.

결혼을 꿈꾸다니, 나약하기도 하지

나는 네가 임신하여 커다란 고통을 겪게 하리라. 너는 괴로움 속에서 자식들을 낳으리라. 너는 네 남편을 갈망하고 그는 너의 주인이 되리라.

— 창세기

이렇게 성경 제일 첫 장에서, 여성들이 받은 고유한 선물이 저주받는 것을 볼 수 있다. 우리가 지닌 선물들(생명을 낳고 소중히 품고 키우며 뼛속 깊이 관계를 갈망하는)이 무거운 짐으로 변해버리면서, 선물의 소유자인 여성을 향한 저주가 되었다. 이 선물과 관련해 어떤 일이 일어났는지 살펴보면서 그림자 왕의 영역으로 들어가보자.

최근까지 이성 관계와 결혼과 출산은 본질적으로 가부장제 사회에서 여성이 할 수 있는 유일한 선택이었고, 그림자 왕은 여전히 이런 관점에 동의한다. 여성이 좋아하든 싫어하든, 그건 여성의 일이었다. 하지만 이성 관계는 더 이상 선물로 받아들여지지 않는다. 불안으로 가득한 저주로 변해버렸다. 평범한 여성은 제대로 된 남편이 없으면 사회에서 제자리를 잡지 못할 것이라 걱정한다. 여성 대부분과 그들의 내면 가부장은 결혼과 출산을 삶의 주된 목표로 본다. 이들은 생애 초기에 좋은 남편을 '잡는catching' 데 많은 것을 투자한다. 자유와 독립을 소중히 여기는 여성에게는 결혼과 출산의 의무가 그다지 매력적이지 않다.

시대가 바뀌었고, 이제 우리의 관점은 정반대로 옮겨 왔다. 지금의 사회·정치적 풍토에서 과거 우리가 '결혼'이라 부르던 일부일처 관계를 갈망하는 여성은 불편함을 느끼곤 한다. 자신의 삶을 함께 나눌 사람이 필요하다고 느끼면 자기 내면에 무언가가 결핍된 게 아닌지 의심한다. 이런 사고방식은 내면 가부장이 무의식의 그림자에서 작동하고 있다는 신호다. 그런데 여기에 딜레마가 있다. 내면 가부장은 여전히 '진짜 여자'라면 결혼이 필수 조건이라고 여기면서 기본적으로 관계에 대한 열망은 여성적이며 따라서 나약함의 증거라고 본다. 그는 관계에 대한 욕구와 짝을 만나고 싶은 욕망이 선물일 수도 있다는 생각을 전혀 하지 못한다.

나는 적극적으로 남편을 찾고 있다는 이유로 부끄러워하고 자신을 나약하다고 느끼는, 똑똑하고 능력 있는 30~40대 여성 다수와 대화를 나눴다. 내면 가부장은 짝에 대한 탐색을 열등함의 신호라 생각하고, 결혼이라는 목표를 남성적이지 못한 여성적인 추구로 판단하기 때문에 여성들은 불편한 감정을 느낀다. 결혼하고 싶어 남편을 찾는 자신의 모습을 남들이 알게 될까 봐 창피해한다. 친구나 가족은 그들을 걱정한다. 그리고 남편감 찾는 일을 진짜 문제라고 여기거나 심각한 과제라고 생각한다.

적절한 나이에 남편감을 찾는 것을 타당한 목표로 삼고, 이를 달성하기 위해 모든 자원을 동원해 조직적인 비즈니스 자세로 임하는 여성은 드물다. 오히려 대부분의 여성은 운을 믿는다. 기껏해야 계획이나 초점 없이 산발적으로 누군가를 만나려고 시도한다. 직업이나 일과 관련된 목표라면 이런 식으로 일을 처리하지 않을 것이다!

흥미롭게도 30~40대 남성이 결혼할 때가 된 것 같다며 아내를 찾는다고 공개적으로 밝히면 대개 크게 환영받는다. 그가 성숙하게 결정했고 이제 정착할 준비가 되었다는 듯이 말이다. 친구와 가족은 기뻐하면서 그를 돕고, 조만간 잘 맞는 짝을 만나게 되리라 확신한다. 약간의 시간과 노력이 소요될 거라고 예상은 하지만, 그것이 걸림돌이 되지는 않는다. 결혼에 대한 결정이 남성에게는 성숙과 남성다움의 신호로 해석되는 반면, 여성에게는 나약함과 곤궁함의 신호로 해석된다. 이런 차이는 언제나 내면 가부장이 작동 중임을 보여주는 증거다.

전통적으로 여성에게 주어진 선물이라 여겨지는, 타인을 돌보는 자질이 어떻게 저주로 바뀌나 살펴보자. 애초에는 외부 가부장에 의해서였고, 지금은 내면 가부장에 의해서 그렇다. 한편으로 관계를 향한 여성의 타고난 열망은 항상 가치 있는 걸로 받아들여졌다. 최근까지만 해도 여성은 다정하고 책임감 있는 돌봄제공자caregiver로 살도록 권장됐다. 다른 한편으로 타인을 돌보려는 욕구는 약점으로 취급돼 조종과 착취와 지배 수단으로 활용되었다. 타고난 본성에 따라 타인을 돌봐야 한다는, 여성에 대한 기대가 있었다. 본성이 그렇다는 이유로 여성들은 타인에게 베푼 사랑과 양육에 대한 대가로 아무것도 요구할 수 없었다. 내면 가부장은 여전히 이런 가치를 추구한다. 그러한 문화로 인해 돌보는 역할을 수행하도록 요구받고 착취당하는 여성을 자주 목격할 수 있다.

돌봄제공자 역할 또는 관계와 가족을 지키는 역할을 수행하면서, 여성은 타인의 요구를 충족하기 위해 자신의 욕구를 밀쳐두는 법을 배웠다. 그 결과 여성은 큰 대가를 치렀다. 자신을 위해 사고하고, 선택하고, 무엇을 원하는지 파악하는 능력을 잃어버린 것이다. 마치 그림자 왕의 영역에서 '다른 사람이 우선'이라는 법이 존재하는 것처럼 말이다. 여성은 다른 사람을 먼저 돌보고 나서야 자신이 원하는 걸 할 수 있다.

그러나 타인 우선이라는 규칙에 불복하고, 관계와 돌봄과 연관된 재능에서 벗어난 여성이라야 세상에서 성공할 가능성이 높다. 이런 여성이 가족, 사랑, 친구에 헌신한 여성보다 세상의 인정과 경제적 보상을 받을 가능성이 높다. 따라서 내면 가부장은 관계와 양육을 강조하는 전통적인 역할에서 벗어난 여성을 더욱 가치 있게 여길 가능성이 높다. 이런 여성이 생산적이고, 많이 성취하고, 성공적인 삶을 산 것처럼 보인다.

성공과 생산성은 우리가 궁극의 창조 행위로 여기는 새 생명을 낳는 일과 동일시되지 않는다. 최근까지만 해도 그림자 왕의 영역에서 생명을 낳는 능력은 여성이 원하든 원하지 않든 반드시 완수해야 하는 징역형과도 같았다. 임신과 출산은 여성의 의무였다. 이것이 그림자 왕의 신념이었다. 여성이 애초에 아이를 원하지 않을 수 있고, 태어난 아이로 인해 살기 힘든 상황이 닥칠 수 있다는 점은 고려 대상이 아니었다.

원치 않는 임신을 끝내는 행위는 죄로 간주돼왔고 법률에도 불법으로 규정되어 있다. 태아라는 새 생명을 보호할 목적으로 만들어진 법률에서 여성의 선택, 여성 자신의 욕구와 삶은 간과되었다. 생명을 만들고 파괴하는 여성의 경이로운(그렇다. 정말 경이롭다!) 능력을 위험한 것으로 느낀 가부장제 사회가 이를 통제의 대상으로 본 것이 아닐까 싶다. 내면 가부장은 이것이야말로 여성의 진정한 힘이라는 사실을 부인한다.

삶과 죽음을 관장하는 힘에 대한 두려움은 낙태를 둘러싼 싸움 저변의 문제로 내게 다가온다. 그렇다. 낙태는 태어나지 않은 아이를 죽이는 것이다. 생명을 빼앗는 것은 죄다. 매우 조심스럽게 고려되어야 하는 행동이다. 대부분의 여성이 낙태에 대해 목소리를 높이는 것을 불편해하고, 자신이 낙태를 한 적이 있는 경우에도 지지하지 않으려고 한다. 신중한 고려 끝에 내린 낙태 결정이 그림자 왕의 영역에서는 너무나도 위협적이고 사악한 것으로 여겨지기 때문이다.

흥미롭게도, 인간이 국가의 대리인으로 전쟁터에 나가기로 결정할 때는 이런 윤리적 문제를 고려한 적이 전혀 없다. 전쟁도 목숨을 앗아간다. 실제로 많은 생명이 죽는다. 하지만 참전 시 우리가 죽이게 될 사람들의 생명권에 대해 열띠게 토론하는 일은 단 한 번도 들어본 적이 없다. 그저 아군에 대한 염려밖에 없다. 급기야 이제는 자동화된 공군력으로 전쟁터에 나간 전사들뿐 아니라 전투에 참여하지 않는 무고한 인명까지 살상한다. 나는 지금 정책 입안자나 남성들 같은 외부 세상에 대해서 말하는 게 아니다. 우리의 내면 가부장에 대해 말하는 것이다. 심지어 성경조차 정당한 사유가 있는 전쟁이라면 권력 행위라고 해석한다. 그러나 여성의 궁극적인 권력 행위인 낙태는 (살인이라 인정될 경우) 언제나 죄악시된다.

여성이 관능에 대한 권리를 주장한다면

아프로디테의 선물들, 즉 감각적 즐거움, 아름다움, 관계 맺기, 타인을 끌어당기고 연결하는 능력은 소중하다. 아프로디테가 준 선물의 힘을 느끼기 시작한 어린 소녀만큼 완벽하게 유혹적이고 매력적인 모습은 드물다. 소녀는 수치심 없이 추파를 던지고, 치장을 하고, 다른 사람을 어루만지며 매혹하는 자신의 힘을 즐긴다. 사람들은 소녀와 함께 있고 싶어 한다. 어머니는 딸의 머리를 빗겨주는 느낌을 좋아하고, 아버지는 딸을 무릎에 앉히길 좋아한다. 소녀는 주변 모든 사람의 기분을 좋게 한다. 이와 유사하게, 성인 여성의 관능과 성적 본능에도 숨이 막힐 수 있다. 여성의 매혹하는 힘은 어마어마하다.

그림자 왕의 영역에서는 아프로디테의 선물이 여성성과 연관되어 신뢰할 수 없는 대상이 되곤 한다. 만약 매력의 가치가 더 높게 평가되고 여성뿐 아니라 남성도 내면의 아프로디테적인 본성을 즐기도록 허용된다면 우리가 사는 세계는 좀 더 흥미로워지지 않을까? 브라이언 스윔이 『우주는 푸른 용The Universe is a Green Dragon』에서 제안했듯이, 우리를 매혹하는 대상에 좀 더 관심을 보이면 어떨까? 차이와 분열에 집중하는 대신 매력과 우리를 하나로 만드는 것을 좀 더 가치 있게 여기면 어떨까? 그러면 세상이 꽤 달라질 것이다. 중력, 즉 끌림의 법칙이 물리적인 세계에서는 잘 작동하는 것 같으니 말이다.

캘리포니아 북부 어느 지역에 얽힌 이야기가 생각난다. 이 지역에는 러시아 출신의 바다표범 상인들이 살고 있었다. 언제부턴가 이것이 문제가 되었다. 멕시코인의 거주지가 샌프란시스코가 있는 북쪽 지역까지 확장된 것이다. 멕시코인들은 러시아인들이 너무 가까이에 있는 것이 마음에 들지 않았다. 만일 모두가 차이에 집중했다면 문제를 해결하기 위해 전쟁이 일어났을 것이다. 다행히 아프로디테 여신이 구세주로 등장했다. 샌프란시스코 총독의 딸과 러시아인 본부가 있는 로스 요새의 부대 지휘관이 사랑에 빠진 것이다. 덕분에 협상이 매우 원활하게 진행되었고 문제는 쉽게 해결되었다. 요새와 러시아인 소유지가 멕시코에 팔려서 모두가 평화롭게 정착했다.

하지만 그림자 왕의 영역에서 매력은 향유 대상이 아니다. 여성은 내면의 아프로디테적 본성을 부끄러워하도록 교육받는다. 관능성은 섹슈얼리티와 동일시되었고, 둘 다 비하되어왔다. 여성의 섹슈얼리티는 상품화되었다. 제품과 영화뿐 아니라 여성 자신을 파는 데 사용되는 것이다. 그림자 영역에 있는 왕국의 법률에 따르면, 관능성과 섹슈얼리티는 남성에 의해 통제되고 통치받는 대상이지, 결코 여성 자신의 만족을 위한 것이 아니다. 만일 여성이 관능성과 섹슈얼리티에 대한 권리를 주장한다면, 그것은 불변의 규칙에 반하는 행동이기 때문에 그녀의 내면 가부장은 진노할 것이다!

우리는 여성성의 전통적인 선물이 변질된 상황을 목격하고 있다.

이로 인해 여성은 물론 남성에게도 심각한 문제가 발생했다. 여성성의 선물이 무시당하자, 여성과 남성 모두가 그 선물을 향유할 수 없게 된 것이다. 따라서 여성과 마찬가지로 남성도 고통받게 되었고, 인간이기에 누릴 수 있는 많은 즐거움이 부정되었다. 남성이 관계 맺기와 사랑과 관능성에 깊이 관심을 가지고 양육에 참여한다면, 남성도 여성이 느끼는 감정을 알게 될 것이다. 그림자 왕의 신념에서 이는 열등함을 받아들이는 행위다. 이제 이런 신념을 고수하고 있는 우리의 그림자 왕, 즉 내면 가부장에 대해 살펴보도록 하자.

2장

내면 가부장의 민낯

꿈이다. 꽤 긴 시간 동안 피라미드를 오르고 있다. 기진맥진해 있고, 정상에 가까워질수록 더 피곤하다. 나는 지난 몇 년 동안 수집하고 분류한 중요한 자료, 즉 포트폴리오를 옮기는 중이다. 포트폴리오는 서류철에 잘 정리되어 있다.

마지막 테라스(혹은 계단)를 오르려는데, 피라미드 맨 아래에 서 있는 한 남자가 나보고 멈추라고 한다. 그는 이 일이 굉장한 노력이 필요한 일이라 내게 해가 될 거라고 말한다. 여기서 그만 멈추고 다른 남성이 내 포트폴리오를 들고 정상까지 올라가게 하라고 한다. 그의 말을 들으면서, 나는 그가 진심으로 나를 생각하고 있고 내 이익을 염두에 두고 있다고 여긴다. 그는 내가 이 마지막 비탈길을 올라가지 못할 거라고 우려하며 남자라면 쉽게 오를 수 있다고 생각한다. 그는 내가 너무 과로하지 않도록 수고를 덜어주려 한다.

나는 과거에 이 남자의 말을 들었다가 약해졌으며 스스로를 한계까지 밀어붙이는 능력을 잃어버렸음을 깨닫는다. 더 이상 내 한계를 넘어서보려고 애쓰지 않는다는 걸 알았다. 포트폴리오를 들고 정상에 이르는 마지막 계단을 오른다. 탈진 상태지만 끝까지 해내서 다음 단계로 올라온 것이 아주 기쁘다.

이런 행동이 매우 중요하다고 느낀다. 나는 다음 단계에 도달했을 뿐 아니라 오래된, 아주 오래된 습관을 깨버린 것이다. 내 힘을 평가하는 남성의 의견을 따라가며 내 능력을 그가 결정짓도록 허용하는 습관 말이다.

많은 여성이 꿈속의 나와 비슷하다. 우리에게는 세상에 기여할 중요한 정보와 경험이 있다. 그리고 다음 단계로 나아가려 노력한다. 얼마 동안은 이 일을 쉽게 해낼 수 있을 것이다. 하지만 그림자 왕은 우리가 앞으로 나아가지 못하도록 계속 제지한다. 그림자 왕과 그 규칙은 위로 올라가려는 우리를 매우 지치게 만든다.

꿈속의 남자(나의 내면 가부장)로 대표되는 오랜 가부장제의 전통은 우리 각자의 무의식 깊은 곳에 존재한다. 그는 무의식이기 때문에 그림자 영역에서 우리를 지배하고, 우리는 그가 꿈에 나타날 때를 제외하면 그의 존재를 인식하지 못한다. 그는 우리가 일에 집중하지 못하도록 정신을 산만하게 하고, 우리의 지식과 경험이 담긴 포트폴리오를 가져가버릴 수 있다. 그에게 저항하느라 우리는 지치고, 결국 다음 단계로 나아가는 데 필요한 에너지가 고갈되고 만다.

보이지 않는 적이 더 위험하다

내면 가부장은 우리 내부에 존재하는 목소리 또는 하위 인격으로, 지난 6000년간 지속된 가부장적 전통, 가치, 규칙 등을 내재하고 있다. 앞서 꿈속 남자처럼 외부의 가부장제가 내면화한 형태다. 가부장제가 그러하듯, 내면 가부장은 보호하면서도 파괴한다.

긍정적인 면에서 보면 내면 가부장은 가부장제와 매우 유사하게 여성이 안전할 수 있도록 지원하고 돕는다. 그는 여성을 보호해야 할 대상이라 여기고, 오래되고 견고한 한계선 안에 안전하게 머물게 해서 위험이나 실망을 겪지 않도록 한다. 그는 여성이 어머니와 딸이라는 역할 안에 안주하도록 돕는다. 그는 여성이 남성의 세계로 모험을 떠날 때마다 걱정하는 마음으로 지켜본다.

부정적인 면에서 내면 가부장은 가부장제를 투영하여 일반적으로 여성이 남성보다 열등한 존재라고 생각한다. 여성은 남성의 보호와 도움 없이는 자신을 돌볼 수 없다고 보는 것이다. 여성을 도와주려는 의도는 칭찬할 만하지만(꿈속의 남자를 보라), 그는 여성이 혼자서 중요한 일을 성취할 수 있다고 믿지 않는다. 여성의 능력에 대한 내면 가부장의 평가를 받아들일 때 여성은 약해진다. 반대로 여성이 그 견해에 맞서 싸울 때, 남성의 도움을 허락하지 않고 모든 것을 혼자 하거나 다른 여성하고만 함께 하겠다고 고집할 때, 내면 가부장은 여성의 현실을 규정하고 창조성을 방해한다. 이때 여성은 동등하면서도 보살피는 역할을 하는 남성과 편안하게 상호작용할 수 있는 길을 선택할 수 없다.

특히 지난 30년간 여성들은 가부장제가 매우 파괴적인 측면이 있다는 걸 알아차렸다. 여성에 대한 착취와 지배, 평가 절하가 이에 포함된다. 여성들은 가부장제를 변화시키기 위해 거의 한 세대 동안 투쟁해왔고, 많은 영역에서 가부장제의 권력을 놀라울 정도로 바꿔놓았다. 나는 여성들이 과거에 상상했던 것보다 더 많이 자신의 몸과 마음과 운명을 통제할 권리를 갖는 것을 목격했다. 하지만 정확하게 말하자면, 바로 그 가부장적 가치를 통해 보호받고 양육된 여성들이 이런 성취를 이뤘다는 사실을 지적하지 않을 수가 없다!

외부의 적과 싸우는 것이 어려웠다고는 하지만 최소한 그 적은 명백하게 눈에 보이는 위협이었다. 지금 문제가 되는 것은 보이지 않는 적이다. 외부에 존재하는 가부장제의 의견과 판단과 가치를 반영하는 내면의 목소리를 자각하지 않는다면, 우리는 현재의 적을 효율적으로 다룰 수 없다. 내면 가부장은 무의식의 그림자에서 작동하며 우리의 사고와 감정과 행동에 영향을 미친다.

무엇보다 내면 가부장은 여전히 남성의 세계라고 여겨지는 영역에서 우리가 성공할 수 있을까 의심한다. 우리가 여성이라는 이유로 못 미더워한다. 우리의 지성과 지식과 능력에 의문을 제기하고 정서적 측면, 신뢰성, 자제력과 힘에 우려를 표한다. 그의 존재를 우리 내면에서 발견하고 그의 목소리를 듣고 그가 지속적으로 지배하는 영역을 지켜보면 놀라게 된다. 내면 가부장은 여성뿐 아니라 남성의 내면에서도 작동하지만, 여기서는 여성의 정신세계 안에서 내면 가부장이 하는 역할을 집중적으로 다룰 것이다.

내면 가부장, 아버지가 아니라 어머니가 딸에게 물려준다

내면 가부장은 우리 내면의 무수한 자아들(또는 하위 인격들) 중 하나다. 자아들은 우리 정신세계의 구성 요소로, 긍정적이고 부정적인 모든 에너지를 담고 있다. 그중에서 우리의 페르소나를 구성하고, 세상에서 우리가 어떤 존재인지를 규정하는 자아들은 '일차적 자아'다. 일차적 자아는 생애 초기에 발달해서 취약한 부분을 보호하고 고통을 피하도록 도우며, 주변 세계에 적응할 수 있게 한다. 일차적 자아의 유형은 여러 요인에 따라 발달한다. 타고난 유전적, 정서적, 영적 성향이 영향을 미칠 수 있다. 아울러 원가족의 심리적 역학, 출생 순서, 민족적 배경, 젠더, 종교, 출신 학교, 장소, 국적, 역사적 시기 등 환경 요소 또한 영향을 미친다.

사례를 보자. 론다는 이혼한 싱글맘의 맏딸이다. 그녀의 어머니는 론다가 아주 어릴 때 론다의 아버지에게 이혼당했다. 어린 시절 론다는 어머니와 동생들을 자신이 돌보지 않으면, 누구의 정서적 요구도 충족될 수 없을 것이라 생각했다. 그래서 그녀의 일차적 자아는 책임감 강한 어머니라고 불리는 유형으로 발달했다. 책임감 강한 어머니는 강하고 자립심이 뛰어났으며 분별력이 있었다. 그녀는 다른 사람들을 돌보고, 그들의 욕구와 감성을 자신보다 우선시했다. 이렇게 책임감 강한 어머니는 론다와 주변 사람들에게 안전하고 편안한 환경을 만들어주었다. 나아가 론다의 감정과 감성까지 돌볼 수 있었다.

이와 대조적으로, 샐리의 부모는 매우 효율적이고 이성적이며 통제하는 유형이었다. 그녀의 가정은 평안했고 부족함이 없었다. 하지만 샐리는 결핍감을 느꼈다. 부모님의 삶에 의미와 영성이 부족하다고 느꼈고, 삶이 더 풍요롭기를 바랐다. 샐리는 내성적이고 예민한 아이였고, 형제 중 셋째였다. 손위 형제들은 부모처럼 성취 지향적이었지만 샐리는 달랐다. 일찍이 영적인 탐색을 시작했고 더 나은 세상에 관심을 가졌다. 샐리는 더 나은 세상을 만드는 것이 자신의 사명이라고 느끼고, 부모의 삶에 결핍되어 있던 의미와 풍요로움과 깊이를 찾고자 했다. 즉, 샐리의 일차적 자아는 영적인 자아였다.

모든 일차적 자아에는 동등하면서도 대립되는 하나 또는 일련의 자아가 존재한다. 이를 '외면당한 자아'라고 부른다. 론다가 책임감 강한 어머니라는 일차적 자아에 따라 행동하려면, 남을 돌보지 않게 만드는 반대편 자아들을 외면해야 한다. 자신의 욕구를 생각하는 자아와 다른 사람들에게 의존하고 도움받는 자아를 외면해야 한다는 의미다. 론다는 책임감 강한 어머니보다 느긋하고 완벽하지 않아도 괜찮다고 생각하는 자아도 외면했을 것이다. 샐리는 샐리대로 물질세계에서 기쁨을 찾고 제멋대로 행동하며 즐거움을 느끼는 자아를 외면했을 것이다. 더불어 TV 보기나 쇼핑같이 '의미 없는' 활동에서 즐거움을 찾는 내면의 한 부분도 외면했을 것이다.

내면 가부장은 보통 무대 뒤에서 작동하지만 강한 권력을 갖고 있으며 자기만의 방식에 따라 일차적 자아로 작용한다. 내면의 입법자로서, 엄청난 영향력을 행사하는 일련의 규칙과 가치와 기대를 수반한다. 앞서 언급했듯 일차적 자아는 개인적인 환경의 영향을 받는다. 내면 가부장은 거대한 환경과 문명 그리고 시대의 영향을 받는다. 내면 가부장은 우리 문화의 목소리로 생각할 수 있다. 지난 30년간 우리를 둘러싼 문화는 변화했지만, 내면 가부장은 여전히 우리 대부분의 내면에 자리한 구시대의 아버지 같다. 여성들은 그의 의견과 규칙과 기대에 따르며 그의 딸로 살아간다. 흥미롭게도 *그가* 가진 정보는 대부분 아버지가 아니라 어머니가 딸에게 물려준 것이다.

내면 가부장이 두려워하는 것

내면 가부장은 법과 질서에 신경 쓴다. 그는 명확하게 정의된 젠더 역할을 지지한다. 전통적 기준에 따라 남자는 남자답고 여자는 여자다워야 한다고 생각한다. 여성적 자질을 지닌 남성이나 남성적 자질을 지닌 여성을 존중하지 않는다. 그의 체계 안에는 다음과 같은 '진퇴양난'의 상황이 존재한다. ① 여자는 여자다워야 한다. ② 여자가 여자답지 않다면 여성으로서 실패작이다. ③ 여자다운 여자는 남자보다 열등하다. 전통적인 여성적 특성이 전통적인 남성적 특성보다 열등하기 때문이다.

내면 가부장은 여성에게 무엇을 기대하는 것일까? 내면 가부장은 좋은 여성이라면 남을 잘 돕고, 수용적이고, 사랑이 넘치며, 베풀기를 좋아하고, 공감을 잘하며, 이해심 많고, 양육을 잘해야 한다고 생각한다. 너무 강해서도 안 되고, 너무 많은 자리를 차지해도 안 된다. 자신의 여자가 고분고분하고 유순한 것을 좋아한다. 그는 여성들이 들고일어나 외부 세계나 사적인 관계의 영역에서 힘을 갖게 되면 세상이 어떻게 될지, 나아가 여성들 자신이 어떻게 변화할지 두려워한다.

내면 가부장은 여성이 자신의 성향과 욕망을 알게 되고 제멋대로 행동하게 되는 상황을 진심으로 두려워한다. 그렇게 되면 세상이 심각한 혼란에 빠질 거라고 생각한다. 한편 남성들에 대해서는 남성이 강한 힘을 유지하고 통제권을 쥐고 있는 것이 중요하다는 입장을 취한다. 남성은 힘과 규율을 통해 현재의 문명을 보호해야 한다. 남성과 여성은 다르고, 따라서 차이가 계속 유지되어야 한다.

직장에서는 호랑이, 집에서는 어린아이인 여성의 속사정

내면 가부장이 특히 강한 감정을 느끼는 네 가지 영역이 있다. 바로 관계, 권력, 섹슈얼리티, 정서/자제력이다. 그러나 내면 가부장이 모든 여성에게 항상 동일한 영역을 강조하는 건 아니다.

어떤 여성들의 경우 내면 가부장이 네 영역 중 한두 가지에 관심을 집중한다. 대부분의 여성들에게는 네 영역을 전부 지적하는 내면 가부장의 목소리가 들리는데 말이다. 내면 가부장이 하나 또는 그 이상의 영역에 대해 침묵하는 여성들의 경우, 다음과 같은 삶의 형태 중 하나로 살아왔다. ① 외부의 가부장제를 직접 상대하며 남성 세계에서 성공을 거두고 힘을 얻었다. ② 아내와 어머니로서 전통적인 여성의 삶을 살았다. ③ 영적인 삶을 살면서 남성 사회가 요구하는 섹슈얼리티와 권력의 도전에서 벗어났다.

첫 번째 범주에 해당하는 많은 여성은 외부의 가부장제를 상대하는 데 노력을 집중해 상당한 성공을 이뤘다. 이들의 내면 가부장은 남성적 세상에서 권력과 성공을 쟁취하는 능력에 대해서는 더 이상 걱정하지 않는다. 하지만 관계 면에서는 여전히 깊은 우려를 표한다. "물론 일에서는 성공했지. 그렇지만 진짜 여자라고는 할 수 없어. 두고 봐, 남자 만나기 힘들 테니." 이런 식의 평가를 내리는 것이다. 한술 더 떠서 이런 평가까지 한다. "걔 진짜 여자가 아니라니까. 그런 식으로 행동하는 여자는 남자나 마찬가지야."

일부 여성들은 섹슈얼리티와 권력이라는 두 영역에 대한 내면 가부장의 걱정에서 완전히 자유로워지는 데 성공했다. 두 영역에서 자신의 활동을 안전하고 성공적으로 관리한 덕분이다. 그렇더라도 이들이 누군가를 진지하게 사귀거나 결혼할 경우, 내면 가부장의 목소리가 다시 등장하는 건 꽤 흔한 일이다. 이들이 직장과 세상에서 느끼던 힘은 집에 돌아와 현관문을 여는 순간 사라진다. 일할 땐 호랑이지만 집에서는 어린아이인 셈이다. 왜 그렇게 달라지는가? 바로, 관계 속 여성의 역할에 관한 내면 가부장의 규칙 때문이다.

내면 가부장이 하는 말: "여자들은……"

나는 수년간 많은 내면 가부장과 대화를 나눴다. 그들은 여성에게 진심을 다해 최선의 관심을 보일지라도 대다수 여성에 대해 매우 부정적으로 말했다. 그들의 발언 내용을 살펴보는 게 유용할 듯하다. 다음 목록을 읽으면서 어떤 말이 익숙하게 들리는지 보라. 한두 개 정도가 아니라 어쩌면 전부가 익숙할 수도 있다. 당신의 내면 가부장이 실제 하는 말은 다음 예와는 조금 다를 수도 있다.

- 여자는 남자처럼 구는 걸 이제 그만둬야 해. 집안일이나 하면 되

는 거고, 더 많은 걸 바라면 안 되지.

- 여자니까 아무것도 될 수 없을 거야. 여자가 뭔가를 원한다는 것 자체가 웃긴 소리지. 그냥 아무 노력도 안 하는 게 본인한테 이 득이야.

- 여자로 태어나서 참 아깝지 뭐야. 남자로 태어났으면 좋은 머리 (혹은 운동 능력, 상식, 타고난 적극성 등)를 발휘할 수 있었을 텐데.

- 여자는 부유한 남자 만나서 시집가는 게 최고지. 그거 말고 다른 방법이 있나.

- 여자들은 속으로 남 욕이나 하고 잔소리도 심해. 그래서 여자들 이 싫어.

- 여자들은 호르몬 불균형 때문에 큰일에는 적합하지가 않아.

- 솔직히 여자는 돈 많은 남편을 두어야 된다고 생각해. 부모님이 나이 드셨을 때 돌봐드릴 수 있게.

- 여자들은 논리적이지 않아.

- 여자들은 너무 감정적이고 항상 과민 반응 한다니까.

- 여자들은 집중력이 부족해.

- 여자들은 뭐가 중요한지를 몰라. 경솔해.

- 여자들이 말하는 걸 듣고 있을 수가 없어. 내용이 없다니까.

- 여자들은 기본적으로 남자보다 약해.

- 여자들은 책임감이 없어. 정말 중요한 일에서는 믿을 수가 없어.

- 넌 여자를 절대, 진짜로 이해할 수 없어.

- 여자들은 바라는 게 많아.

- 여자들은 판단력이 흐려. 여자 의사나 변호사에게는 절대 맡기

지 않을 거야.

- 기본적으로 여자들이 섹스 말고 무슨 쓸모가 있나.

- 여자가 매력이 없어지고 섹스도 못 하면 폐기되는 거지 뭐.

- 여자는 중요한 일 안 해도 돼. 여자는 무슨 일이든 보조자일 뿐이야.

- 여자라면 아이를 낳아야지. 그게 여자 일인데!

이 발언들은 맥락에 대한 설명 없이 가져온 것들이다. 이제 당신의 내면 가부장이 하는 이야기를 들어보기 바란다. 내가 해석하는 것을 전해 듣기보다, 당신의 내면 가부장이 하는 걱정과 추구하는 가치들을 직접 접해보기 바란다. 나는 목소리 대화법을 사용해 다음에 인용한 대화뿐 아니라 이 책의 후반부에 인용한 대화나 코멘트에 직접 접근할 수 있었다.

칼라의 내면 가부장

칼라는 매력적이고 쾌활한 심리치료사로, 트레이닝 워크숍 참석자 중 한 명이었다. 칼라의 내면 가부장과 진행 요원 모나가 나눈 대화를 소개하고자 한다.

세션을 시작할 때, 칼라는 왼쪽에 두통이 있고 같은 쪽 목과 어깨가 뻣뻣하고 아프다고 말했다. 그녀는 내면에서 불편함을 느꼈다. 내면의 어떤 자아가 자신이 워크숍에서 행동하는 방식을 못마땅해한다는 걸 감지했다. 아침 일찍 아름다운 시골길을 산책했지만, 그리 편안하지 않았고 충만감도 없었다. 심지어는 나무 뒤에서 갑자기 어떤 남자가 튀어나와 공격하는 장면이 머릿속에 순간적으로 스치기까지 했다.

다른 사람들이 각자 자신의 내면 가부장에 대해 이야기하는 것을 들으며, 칼라는 내면 가부장이라는 존재가 자신의 현재 마음 상태와 관련 있을지 궁금해졌다. 모나가 칼라의 내면 가부장을 이끌어내는 촉진자 역할을 하겠다고 나섰다. 다음은 그 대화를 기록한 것이다.

칼라 난 내면 가부장이 뭔지, 내게도 그런 게 있는지 잘 모르겠어요.
촉진자 내면 가부장은 그냥 당신의 일부일 뿐이에요. 당신이 여성으로서 어떻게 행동하고 어떻게 행동하면 안 되는지 강하게 의견을 개진하지요.
칼라 아, 제게 그런 부분은 분명히 있어요.
촉진자 왼쪽 머리에 두통이 있으니, 왼쪽 뒤편으로 좀 이동해보면 좋을 것 같아요.

칼라가 의자를 바꿔 앉았다. 그녀가 자리에 앉았을 때, 말을 하는 이는 더 이상 칼라가 아니었다. 그녀의 내면 가부장이 말하고 있었다. 그는 자세가 너무 꼿꼿해서 경직되어 보이기까지 했다. 키가 아주 크고 엄격했으며 매우 단호하고 분노에 찬 어조로 말했다.

내면 가부장 내게는 규칙이 많아. 무엇보다 칼라는 꼭 브라를 하고 다녀야 돼!
촉진자 그렇군요. 그녀가 오늘 브라를 했어요?

내면 가부장 아니, 안 했어. 정말 맘에 안 들어. 곤경에 처할 수도 있잖아. 칼라가 어떤 식으로든 성적인 느낌이 드는 옷은 안 입었으면 해. 색깔이 좀 화려한 건 괜찮지만 전문가다워 보이는 옷을 입어야지, 도발적인 건 안 돼.

촉진자 그녀가 어떤 곤경에 처하게 될까요?

내면 가부장 자신이 감당할 수 없는 상황에 처할 수 있지. 다른 사람한테 공격을 받는다든가.

촉진자 신체적으로 말인가요?

내면 가부장 맞아. 신체적인 공격.

촉진자 오늘 칼라가 산책할 때 마음속에 떠오른 이미지와 당신이 무슨 관련이 있나요? 그녀가 위협적인 생각을 하도록 했나요?

내면 가부장 뭐, 그럴 만도 하지! 그렇게 혼자 돌아다닐 이유도 없잖아. 사실 나는 칼라가 혼자 있기를 바란 적이 없어.

촉진자 다른 규칙은 어떤 게 있나요?

내면 가부장 글쎄, 19세기 규칙 같은 거라면 뭐든. 난 모든 면에서 전통적인 것을 원해. 칼라의 남편이 맘에 들어. 청소기 돌리는 척도 좀 하고, 설거지도 조금 하지만 알고 보면 나 같거든. 칼라가 남편과 집안을 돌보기를 바라지. 여자는 남자 조금 뒤에 서서 남자를 돌봐야지. 남자의 물리적인 욕구와 감정을 보살펴야 돼. 남자 기분을 좋게 하는 일이라면 뭐라도 해야지.

촉진자 칼라가 그렇게 하지 않으면 어떻게 되나요?

내면 가부장 글쎄, 남편을 잃게 될지도 모르지. 이번이 세 번째 결혼이고, 칼라는 56살이라고. 칼라에게는 경제적인 안정이 필요해.

칼라 남편에게는 퇴직금이 있잖아. 남편을 기쁘게 해주지 않으면 그녀는 남편을 잃고 혼자 살게 될 거야. 길바닥에 나앉게 될 수도 있어!

촉진자 정말 심각한 문제를 걱정하고 있네요.

내면 가부장 아무렴. 덧붙이자면 여기서 칼라가 하는 행동이 정말 마음에 안 들어. 감정이니 뭐니 너무 깊이 들어가는 게 싫거든. 모든 게 통제되기를 바라니까.

촉진자 아까 칼라가 남자의 감정을 돌봐줘야 한다고 하셨죠. 그런데 말씀하시는 걸 들으니 칼라가 자신의 감정을 표출하는 건 절대 원하지 않는 것 같네요. 자신의 감정에 대한 충격흡수장치 같은 게 있어야 한다는 뜻인가요?

내면 가부장 바로 그거야! 난 칼라가 감정적이고 원하는 게 많은 여자가 되는 걸 원치 않아. 그런 건 드러나지 않도록 마음속에서 다 처리해버려야지.

촉진자 칼라를 위한 그런 규칙을 다 어디서 배우셨는지 궁금하네요.

내면 가부장 뭐, 칼라의 어머니가 미시시피 출신이라 남부 백인 여성이라면 어때야 한다는 전통을 몽땅 심어줬고, 아버지는 굉장히 전통적인 백인 남자 WASP[5]거든.(자부심이 넘치는, 마치 박사 학위가 두 개는 되는 것 같은 말투다.) 내 의견을 뒷받침할 전통이 두 개나 있다는 거지!

촉진자 칼라 아버지한테서는 뭘 배웠나요?

내면 가부장 칼라 아버지는 여자가 가질 수 있는 직업은 오직 세 개뿐이라고 하셨지. 교사, 남을 돕는 일, 간호사.

촉진자 그렇다면, 칼라가 다른 사람을 돕는 치료사가 되는 건 괜찮나요?

내면 가부장 권위나 책임이 주어지는 자리만 아니라면 괜찮지.

촉진자 책임자나 지도자만 아니라면 괜찮다는 뜻인가요?

내면 가부장 맞아. 난 칼라가 중요한 일을 하는 걸 원치 않아. 여자들은 그런 걸 못하잖아. 유명해지는 것도 원치 않아. 여자는 유명해지면 안 돼. 설령 유명해진다고 해도 남자랑 함께하려면 명성을 포기해야지. 제인 폰다[6]를 봐. 경력을 좀 쌓았지만, 자기보다 나이 많은 남자를 만나서 정착하고 다 포기했잖아. 그게 바람직한 거지. 칼라가 독립적인 존재가 되거나 유명해지는 걸 원치 않아. 아마 난 그런 모습을 견딜 수 없을 거야. 그렇게 되면 칼라와 함께할 수 없어. 칼라가 너무 부유해지고 유명해지면, 내 자리는 없어지는 거야. 난 사라지겠지.

이 대화를 통해 내면 가부장이 지닌 힘과 판단이 일반적으로 어떤 모습인지 파악할 수 있었다. 기본적으로 여성을 남성보다 열등한 존재로 보는 내면 가부장의 생각과 폄하 발언은 여성을 불편하게 만들고 여성의 권한을 약화시킨다. 내면 가부장은 여성이 기여하는 바가 중요하지 않으며 여성의 말을 들을 필요가 없다는 외부 가부장제의 의견에 동의한다. 칼라의 내면 가부장이 전형적인 예다. 그를 통해 우리는 내면 가부장의 염려와 판단, 그리고 자신이 칼라의 행동을 통제하지 못할 때 일어날 일에 대한 두려움을 엿볼 수 있다. 내면 가부장의 생각이 그녀의 아버지와 어머니에게서 비롯했다는 점도 알 수 있다. 우리의 내면 가부장은 교회, 언론, 학교, 친구 등의 영향을 받는다. 아울러 우러러보고 닮고 싶은 어른들의 행동에서도 상당한 영향을 받는다.

여성은 귀한 보석이라 울타리 안에 있어야

도미니크는 아랍인이 아니었다. 하지만 그녀 내면에는 칼라와 같은 전형적인 내면 가부장과 '아랍인' 가부장이 모두 존재했다. 아랍인 내면 가부장은 모든 여성적인 것에 상당히 감성적인 태도를 보였지만 그녀가 홀로 세상에 나가거나 생계를 꾸리지 못하게 했다. 그는 그녀가 독립적인 인간이 되는 것을 막았다. 도미니크는 명석하고 자기표현을 잘하는 여성이며 타고난 교사였다. 하지만 그 재능을 남성을 보살피는 데에만 사용했다. 이 특별한 내면 가부장과 나눈 대화를 여기에 옮긴 이유는 바로 여성에 대한 그의 유창한 언변과 너무나 매력적인 찬사 때문이다.

> **시드라** 일을 잘해서 돈도 벌고 풍족하게 살려는 도미니크의 계획에 대해 당신이 어떻게 생각하는지 알고 싶어요.
>
> **내면 가부장** (서정적이고 온화하게) 도미니크가 세상에 나가 가르치는 건 실수라고 생각합니다. 그랬다가 소중한 것을 잃어버리게 될까 봐 두려워요. 여성은 보호받아야 합니다. 여성이 있을 곳은 집 안, 그러니까 울타리 안이지요.
>
> 여성은 꽃과 같은 존재입니다. 그녀의 본성은 아름답고 강하지만

부서지기 쉬워요. 아주 연약해요. 이런 본성이 울타리 안에 있으면 꽃을 피우겠지요. 하지만 세상 밖으로 나가면 꽃을 피울 수 없을 겁니다. 꽃송이가 으스러질 거예요.

이렇게 생각해봅시다. 여성은 귀중한 보석과도 같아요. 세상으로 나가면 사람들과 부딪쳐 긁히고 상처 입겠죠. 보석에 흠집이 생겨 버리는 거지요.

여성이 세상으로 나가면 여신 같은 본성이 훼손될 겁니다. 타고난 아름다움과 순수함을 잃는 거지요. 본질적인 여신 에너지에서 나오는 힘을 잃어버릴 거예요. 남성의 세상에서 자신의 부드러움을 잃고 심지어 남자처럼 될 수도 있어요.

시드라 저에 대해서는 어떻게 생각하시나요? 저는 세상에 나와 있습니다만.

내면 가부장 (슬프게, 그리고 조금 애석하게 나를 바라보며) 세상에서 그렇게나 오랜 시간을 보내야 하다니 안타깝군요. 사람들과 일할 때 당신은 큰 불행과 고통에 노출되어 있어요. 너무 많은 사람과 접촉하고, 너무 많은 고통을 겪었어요. 여성에게 좋지 않습니다. 당신이 계속 보호받았더라면 얼마나 더 빛나고 강하고 아름다웠을까요?

이 특별한 내면 가부장과 이야기를 마무리할 때쯤 내가 그에게 상당히 설득당했다는 걸 고백하지 않을 수 없다! 그냥 내 일을 그만두고 남편에게 여생을 의탁할까 하는 마음이 들었다. 나 자신이 너무도 소중하기 때문에 집 안에 머물며 온갖 세상살이의 어려움을 피하고 보호받아야 한다는 말은 너무나도 매력적으로 다가왔다. 하지만 나는 이 내면 가부장이 도미니크를 마비시키고 있음을 알 수 있었다. 그의 신념에 의해, 그녀는 세상으로 나가 성공하면 많은 것을 잃게 될까 봐 두려워했고 여성스럽지 않게 될까 봐 두려워했다.

다른 여성에게 우월감을 느끼는 여성: 내면 가부장의 유산

칼라의 내면 가부장은 칼라를 다른 여성보다 더 가치 있게 여기지 않았다. 그는 모든 여성을 똑같이 평가 절하했다. 도미니크의 내면 가부장은 도미니크뿐 아니라 모든 여성을 받들어 모셨다. 애드리언의 내면 가부장은 달랐다. 그는 매우 가부장적인 가정에서 성장한 여성들에게서 볼 수 있는 전형적인 내면 가부장이었다. 이런 여성들은 자기 어머니의 나약함을 거부하고, 타고난 여성성을 간직한 여성들에게 아주 비판적이다. 그들을 약하고 중요하지 않은 존재로 여기고 무시해버린다. 아울러 여성이 아닌 남성을 스승으로 모신다. 남성의 인정만 가치 있게 여기고, 여성의 인정은 하찮게 여긴다.

여성들의 이런 반응에 혼란스러울 수 있겠지만, 이런 일은 생각보다 훨씬 더 빈번하게 일어난다! 나는 남성이 내 의견을 무시하리란 건 예상한다. 반면 '자매'들은 내 말을 경청하리라 기대한다. 하지만 늘 그런 것은 아니다.

여성을 통해 작동하는 내면 가부장은 외부의 가부장보다 훨씬 더 판단하기를 좋아한다. 외부의 가부장은 최소한 남자의 몸을 하고 있고, 상당히 예측 가능한 방식으로 여성에게 반응한다. 여성인 우리는 이에 익숙하다. 무엇을 예상해야 하는지, 또 그걸 어떻게 다뤄야 하는지 잘 안다. 문제는 여성의 몸 안에 있는, 본질적으로 비판적인 내면 가부장과 맞닥뜨릴 때로, 매우 복잡해진다. 우리는 스스로가 부족한 인간이고 사람들의 존경을 얻기 위해 할 수 있는 게 아무것도 없다는 불편한 느낌을 받게 된다.

이와 같은 비난 때문에 불편했던 경험이 나 역시 아주 많다. 바로 이런 경험을 탐색하면서 여성 안에서 작동하는 내면 가부장을 발견하게 되었다. 지난 수년간 자신의 내면 가부장을 인터뷰할 수 있도록 허락해준 수많은 여성에게 감사의 마음을 전한다. 인터뷰를 하면서 나는 불만에 찬 남자가 여성의 눈을 통해 나를 바라보고 있는 것 같은 불편함을 느끼곤 했다.

여러 목소리 대화법 세션 중에서 애드리언의 내면 가부장과 만난 경험이 가장 강렬했다. 애드리언과 나는 수년째 알고 지낸 사이였다. 나는 애드리언을 존중하고 그녀의 작업에 감탄했다. 하지만 그녀를 만나면 늘 뭔가 불편했다. 어느 날 우리는 이 문제에 대해 이야기를 나눴다. 애드리언은 나와 함께 있을 때 안전하지 않다는 느낌을 받는다고 말했다. 나는 정서적으로 친밀해지고 싶지 않아 거리를 두고 있었다는 사실을 인정했다. 이 점에 대해 생각하다가 깨달은 사실이 있었다. 나는 매우 강력하고 비판적인 내면 가부장의 존재를 감지했기에 그녀와 거리를 두게 되었던 것이다. 그녀의 내면 가부장 때문에 나는 애드리언을 신뢰하지 않았다. 우리 두 사람은 그녀의 내면 가부장과 얘기해보는 게 좋겠다고 판단했다. 애드리언과 나는 한 시간 정도 솔직하고도 깊은 대화를 나눴다.

내가 애드리언의 내면 가부장을 존중하고 그의 의견을 침착하게 객관적으로 경청할 수 있었기에, 그는 자신에 대해 기꺼이 말해주었다. 목소리 대화 세션 내내, 나를 냉랭하게 경계하며 비판적으로 바라보았다. 그는 매우 예리했고 나의 논리나 정서적인 반응을 평가하는 것처럼 보였다. 다음의 목소리 대화 발췌문은 그의 전반적인 모습을 잘 보여준다.

시드라 여성에 대한 존경심이 별로 없는 것 같은데, 맞나요?

내면 가부장 잘 봤네. 난 여성을 존경하지 않아. 조금도. 내 생각에 여성에게는 배울 점이 없어. 여성들을 유심히 관찰해봤지만, 중요한 사람이 하나도 없었어. 특히 주름 장식과 하늘하늘한 여성스러움을 좋아하는 이들은 더더욱 그래. (나를 도전적으로 바라본다.)

시드라 (내가 입고 있는 드레스를 가리키며) 나를 하늘하늘하고 여성스럽다고 판단하고 있나요?

내면 가부장 당연하지. 멋 부리면서 잘 보이려고 애쓰고 있잖아. 원피스 입고 화장하고. 여성스러워 보여. 내 눈엔 약해 보인단 뜻이야. 남편이 모든 힘과 지식을 갖고 있고, 너는 그저 남편에게 의지하고 있는 게 나한텐 빤히 보여. 너와 별로 상대하고 싶지 않아. 난 근원에 접근하고 싶거든. 내가 너를 상대해주고 있는 건, 네 남편과 일하려면 그래야만 하니까 그런 거야. 네 남편은 남자고, 난 그 사람을 존경해!

시드라 내가 덜 여성스럽다면 나을까요? 화장을 안 하거나 치마를 입지 않으면 나를 조금 더 존중해줄 수 있나요?

내면 가부장 아니. 그건 전혀 도움이 안 돼. 그러면 남자처럼 잘난 척하는 그런 여자들 중 하나가 될 뿐이지. 그런 건 안 통해. 넌 남자가 아니야. 지난 몇 년간 네가 가르치는 게 좀 나아졌다는 건 인정해. 사실 꽤 잘하는 편이더군. 주관적이지 않고 객관적이야.

시드라 내가 가르칠 때 나를 지켜보고 평가하나요?

내면 가부장 당연하지. 난 늘 거기 있으니까. 네가 하는 말, 행동, 모든 걸 지켜보고 있어. 네가 헛발질하길 기다리지. 너한테 '반짝 불이 들어와' 있을 때와 확신이 없을 때를 난 알 수 있어. 난 그저 기다릴 뿐이야. 네가 뭔가 잘못 말하거나, 일관성 없거나 아님 어제보다 발표가 모자랄 때를 말이야. 단점을 찾아내는 게 난 정말 즐겁거든. (자기만족에 빠져 의기양양한 목소리로 말한다.)

시드라 그러니까 나는 매번 완벽하게 해내야 한다는 거군요.

내면 가부장 그렇지. 모든 걸 완벽하게 해야지.

시드라 내 남편은 어떤가요? 그 사람도 관찰하나요?

내면 가부장 그럼, 당연히 지켜보지.

시드라 거기서도 일관성 없는 걸 발견하나요? 내 남편이 완벽에 미치지 못할 때 비판하세요?

내면 가부장 그가 뛰어나게 잘할 때도 있고, 때로는 살짝 못 미치기도 한다는 걸 알아보지. 일관성이 없을 때도 있고, 간혹 중요한 걸 빠트리기도 하더군. 하지만 그런 건 전혀 중요하지 않아. 가르칠 때마다 자연스럽게 조금씩 달라지는 거니까. 완벽하지 않을 때라도 그는 자기가 뭘 하는지 알고 있어.

시드라 그러니까 우리 부부에게 다른 기준을 갖고 있다는 뜻이군요.

내면 가부장 당연히 그렇지. 네 남편은 남자고, 할 말이 많고, 당연히 할 말을 해야지. 너는 여자고, 여자는 가르쳐서는 안 돼. 사람들

앞이 아니라 집에서 애들과 있어야지. 전에도 말했듯이, 난 여자가 말하는 거에는 관심 없어.

이 대화를 보면 기본 논점이 공정함이나 평등의 문제가 아님을 알 수 있다. 여기서 논점은 자각^{awareness}이다. 우리는 여성으로서 내면 가부장의 작동을 알아차려야만 한다. 내면 가부장의 반응을 양지로 끌어내는 것은 특히 중요하다. 그래야만 이를 터놓고 다룰 수 있다. 애드리언의 내면 가부장은 무의식적으로 작동하면서 계속 나를 공격했지만, 애드리언도 나도 이를 알아차리지 못했다. 애드리언과 나 사이에 불편한 거리를 유발하는 어떤 것이 존재해서, 서로 존중하고 신뢰하며 함께 일할 수 없다는 것. 이게 우리가 알고 있는 전부였다. 보기 드문 일은 아니었다. 많은 여성들의 내면에, 여성과 일하기를 원치 않고 남성과 일하기를 선호하는 애드리언의 강력한 내면 가부장이 존재한다.

내면 가부장의 역할이 명백해지자 애드리언과 나는 훨씬 더 친밀한 관계를 구축할 수 있었다. 서로에게 상당한 기쁨을 주는 관계였다. 우리는 자연스러웠고 자유로웠다. 긍정적으로든 부정적으로든 객관성에 기반해서 반응했다. 처음으로 우리 둘의 관계를 즐길 수 있게 된 것이다!

남성에게도 내면 가부장이 있다
나는 우리 문화에 존재하는 여성의 내면 가부장을 집중적으로 다루려 한다. 그것이 보이지 않는 그림자의 영역에서 작동하기 때문이다. 우리는 내면 가부장에 대해 알지 못하고, 그들이 하는 말을 듣지 못한다. 내면 가부장은 의식 바깥에 존재하지만, 우리는 그에 반응한다. 그가 참견하도록 내버려두고 그의 의견에 귀를 기울이면서도 자신의 이런 행동을 인식하지 못한다. 하지만 우리는 알고 있다. 때로는 별다른 이유 없이 자신에게 기분이 상한다는 걸 말이다. 우리는 때로 타고난 존재 방식대로 행동하지 않기도 하고, 마치 남성들이 우리를 지배하는 것처럼 반응한다. 스스로 자격이 없다고 느낀다. 또한 남녀가 함께 있을 때 남자에게 좀 더 관심을 갖고, 남성이 하는 말에 더 무게를 두는 경향이 있다는 사실도 안다.

우리 문화에서 남성의 가부장적인 목소리는 좀 더 명백하게 드러난다. 이런 소리는 보이지 않는 영역에서 작동하는 게 아니다. 상당히 공공연하게 작동한다. 최근까지만 해도 남성의 가부장적인 목소리에 기반한 시각은 우리 사회의 태도, 가치, 법 등의 토대가 되었다.

남성 내부의 가부장은 자신이 남성임을 자랑스러워하고, 남성이라는 사실과 관련된 권리를 주장한다. 타고난 권위와 특권이 남성의 권리에 포함된다. 남성의 내면 가부장은 남들이 자기 말에 귀 기울이기를 원한다. 그는 자신이 무엇을 아는지 알며, 남들이 자신에게 주의를 기울일 것을 기대한다. 그는 여성들이 자신을 따르고 섬기기를 기대한다. 하지만 객관적이고 자기에게 확신이 있는 여성, 칭찬받는 남성들과 똑같은 특성을 지닌 여성을 만나면 남성을 존중하듯이 그녀를 존중할 것이다. 그런데 남성과 여성 내면에 존재하는 모든 가부장이 다 같은 것은 아니다. 여성이란 이유만으로 어떤 여성도 존중하지 않는 그런 가부장도 있다.

남성의 내면 가부장에게도 여성에 대한 책임과 관련한 일련의 규칙이 있다. 그는 '전형적인 아버지'다. 지배하고 존경을 요구하지만, 자신의 보호 아래 있는 이들을 보호하고 안전과 안녕을 책임진다. 그는 자신이 해야 할 일은 무엇이든 한다. 그것이 자신의 경계를 넘어서야 하는 일일지라도 말이다. 남성 내면에 있는 가부장이 자신이 만든 규칙과 요구에 완전히 지쳐서 탈진한 듯 말하는 것을 나는 자주 들었다.

매우 상반된 두 남성의 내면에 존재하는 가부장의 목소리를 들려주고 싶다. 첫 번째 가부장은 상대적으로 더 위압적이고 판단하기를 좋아한다. 두 번째 가부장은 좀 더 지지하는 쪽이고 객관적이다. 이들 남성의 두 내면 가부장은 여성과 관계 맺는 방식과 여성을 책임지는 방식에서 양극단을 대표한다.

스튜어트와 행크의 가부장

스튜어트는 매우 전통적인 종교 배경에서 자란 전통적 남성이다. 그는 아내와 이혼한 후 아이들을 부양하고 있다. 그는 스스로를 막강한 권위를 가진 사람으로, 그리고 책임감 강한 사람으로 인식한다. 그의 내면 가부장은 일차적 자아(스튜어트의 삶에서 생각과 행동을 지배하는 자)로서 '남자로서의 책임이 곧 자신의 책임'이라고 말한다. 스튜어트는 자기만큼 강하지 않거나 책임감이 없는 사람을 보면 서슴지 않고 비판한다. 특히 남을 착취하고 쓸모없다고 판단되는 여성들에게 화가 나 있다.

스튜어트의 내면 가부장은 여성에 대한 의견을 분명하게 밝힌다. "나는 여자가 싫어요. 전혀 좋아하지 않아요. 여자들은 교활하고 쓸모가 없습니다. 언제나 자신이 원하는 걸 얻기 위해 스튜어트를 조종하곤 하지요. 여자들 앞에서 스튜어트는 바보가 된다니까요. 여자들은 상냥하고 매혹적으로 굴면서 그를 유혹하지요. 처음에는 말이에요. 착하고 강하고 독립적인 척하지만, 결국 여자들이 원하는 게 뭔지 알아요?" 그는 격앙된 목소리로 답변을 기다리지 않고 말을 이어간다.

"스튜어트가 가진 것을 다 자기 것으로 만드는 것, 그게 여자들이 정말 원하는 거예요. 그가 호구라는 걸 알거든요. 그의 돈을 원할 뿐이죠. 자기네를 먹여 살리길 원해요. 여자들은 다 일하기를 싫어해요. 게을러터졌어, 아주."

이 가부장은 스튜어트에 대해 아주 높은 기준을 갖고 있다. 그는 스튜어트가 얼마나 강해야 하는지, 왜 불평하지 말아야 하는지 설명한다. "자기 책임을 다 못 하는 남자를 난 존중하지 않습니다. 그가 아프든 말든 상관없어요. 요청받은 일을 할 수 있는지 없는지 듣고 싶지 않다니까요. 해야 하는 일이면 그냥 하는 거지. 남자가 무너지면 주변의 모든 게 무너져버려요. 난 스튜어트의 할아버지를 존경했습니다. 자랄 때 그분 얘기를 정말 많이 들었거든요. 그분은 개척자였어요. 가족들을 서부로 데려오고, 정말 열심히 일하셨고, 어려움을 많이도 겪으셨지요. 그분의 용맹함과 강인함 덕분에 가족은 살아남을 수 있었어요. 그분이 약골이었으면 다들 죽었을 겁니다! 난 스튜어트에게 그분이야말로 진짜 남자라고 알려주지요. 내가 보기에 스튜어트는 그분만큼 강하지 않아요. 스튜어트의 할아버지는 모든 것, 모든 사람을 압도하셨어요!"

행크의 가부장은 이와 대조적이다. 그는 여성을 보호하고 여성이 최고로 성취하도록 돕는 것이 자신의 역할이라고 생각한다. 그 또한 여성이 기본적으로 남성보다 약하다고 보고, 여성의 감수성, 나약함, 객관성 결여에 대해 염려한다. 하지만 기본적인 여성성을 지니고 있으면서도 객관적이고 강한 여성을 만나면 남성을 존중하듯 존중한다. 스튜어트의 가부장과 달리 행크의 가부장은 모든 여성을 무능한 존재라고 보지 않는다.

행크의 가부장은 스튜어트의 가부장과 비슷한 느낌의 힘과 권위로 말한다. 두 가부장 모두 듣는 이의 집중과 존중을 요구한다. 행크의 가부장은 이렇게 말한다. "난 내가 뭘 아는지 압니다. 그걸 여자들에게 기꺼이 말해줄 수 있어요. 뭐든지 그냥 나한테 물어보면 됩니다. 하지만 경고하는데, 난 조종당하는 걸 싫어해요. 그리고 당신이 내 말을 경청하길 바랍니다. 솔직히 말해서 내 말에 동의하지 않는다면 당신이 무슨 말을 하든 그다지 관심이 없어요." 그는 계속해서 사람들이 여자들의 말을 듣고 싶어 하지 않는 이유를 설명한다. 여성을 대변해주는 가부장의 목소리가 부재하기 때문이라는 게 바로 그 이유다. 여성이 자신의 내면 가부장에 맞서 싸우기보다 내면 가부장이 지닌 권위를 이용한다면 사람들이 여성의 말을 듣게 될 것이라고 덧붙인다.

스튜어트의 가부장과 달리 행크의 가부장은 여성을 구분한다. 그는 모든 여성이 쓸모없게 타고났다고 생각하지 않고, 여성의 잠재적 힘을 고려한다. 그는 여성의 안전과 성장에 대해 책임감을 느낀다. 하지만 스튜어트의 가부장과 달리 항상 재정적으로나 정서적으로 여성들을 책임져야 한다고 보지는 않는다. 여성과 힘에 대해 어떻게 생각하는지 질문하자, 그는 대답한다. "나는 나에게 맞설 수 있고 말할 수 있는 여성, 나와 비슷하고 자신이 무엇을 알고 있는지 아는 여성을 존중합니다. 피해자나 방어적이거나 공격적인 여성은 존중하지 않아요. 여성이 자신만의 힘을 갖고 있다, 뭐 괜찮아요. 하지만 내가 그 힘을 줄 순 없지요. 스스로 쟁취해야지. 힘이 있는 여성이라면 존중합니다. 나는 객관적이고 힘 있는 여성들과 있을 때 더 안전하다고 느낍니다. 그런 여성은 내게 어떤 것도 증명할 필요가 없으니 나를 공격할 이유도 없지요."

행크의 가부장은 도덕성과 섹슈얼리티를 논할 때 특히나 달변이다. 그는 여성의 미덕과 결혼의 신성함을 보호하는 것과 관련해 확고한 의견을 갖고 있다.

"나는 행크가 배우자에게 충실하도록 만듭니다. 내가 내면에서 어떻게 행동해야 할지 말해주지 않으면 행크 같은 남자들은 만나는 모든 여성과 성관계를 하려 들 겁니다. 근친상간을 금하는 규칙을 만든 게 바로 나라니까요. 내가 없으면 남녀노소 불문하고 통제 불능이 될 거예요. 여자들은 내가 있어서 다행인 줄 알아야 해요, 진짜. 가정을 안전하게 만들고 가족을 보호해주잖아요. 내가 아주 중요하게 생각하는 요소들이지요. 여자들이 나에 대해 부정적으로 말하면 억울하다니까요. 내가 얼마나 여자들한테 많은 걸 해주는데."

행크의 가부장이 하는 이야기를 들으면, 그가 주변 여성들을 존중하고 지지한다는 걸 분명히 알 수 있다. 자신이 보기에 그 여성들이 맡은 몫을 충실히 해낸다면 말이다. 그는 자신의 우월한 강인함과 타고난 힘을 사용해 여성의 연약한 영역을 보호하고 여성이 세상에서 성공하도록 돕는 것을 소명으로 여긴다. 하지만 그는 여성이 여성으로 남기를 원한다. 그는 남성적인 특성이 너무 많은 여성은 존중하지 않는다. 스튜어트의 가부장과는 달리, 행크의 가부장은 스스로 가치를 증명하는 여성이라면 존중하고 그녀의 독립과 힘을 기꺼이 인정한다.

여러분이 직면할 수 있는 다양한 신념과 행동의 범위를 설명하기 위해 두 가부장을 예로 들었다. 내면 가부장이 여성뿐 아니라 남성의 내면에도 존재한다는 사실은 절대 간과할 수 없다. 그럼에도 지금부터 내가 만났던 여성의 내면 가부장에 대해 집중적으로 이야기하려 한다. 우선 내가 만난 아주 특별한 가부장, 영적인 길을 걷는 여성들 내부에 존재하는 가부장부터 소개해보겠다.

테레사 수녀의 내면 가부장

어떤 내면 가부장은 여성과 남성 모두의 내면에서 일차적으로 영적 지향을 띤다. 이 내면 가부장은 신과 모든 신의 사자를 남성으로 본다. 성스러운 공간에 여성을 위한 자리는 없다. 하지만 그의 세계관에서 여성을 위한 자리가 하나 있다. 그는 진정으로 진화한 여성에게는 평범하고 열등한 여성과는 다른 여정이 걸맞다고 본다. 이러한 내면 가부장이 요구하는 바에 복종하기 위해, 우월한 여성은 평범한 여성의 문제를 외면한다. 그녀는 관계, 섹슈얼리티, 모성, 힘, 그리고 이 모든 것이 가져다주는 기쁨, 고통, 혼란을 전부 포기한다.

그녀는 여성의 운명이라는 함정을 피하고 좀 더 높은 차원의 문제에 헌신한다. 이 헌신이 그녀의 내면 가부장을 만족시킨다. 테레사 수녀처럼 섹슈얼리티와 열정을 신에 대한 사랑으로 탈바꿈시킨다. 그녀는 오랜 시간, 어쩌면 영원히, 금욕할 가능성이 크다.

만일 이 여성이 적합한 영적 스승이나 성직자, 교사를 만나 자기만의 영역을 찾는다면 그녀의 내면 가부장은 만족할 것이다. 그는 외부 가부장에 대한 완전한 헌신을 지지한다. 그녀에게 무엇이 최선인지 항상 잘 알고 있는 스승의 모습을 한 가부장 말이다. 그럼으로써 그녀는 자신과 자신의 행동을 책임질 필요가 없고, 여성이 저지를 법한 실수를 피할 수 있을 것이다. 그녀의 내면 가부장은 자신이 맡은 역할을 다했다고, 그녀가 안전할 거라고 느낀다.

가부장과 싸우기 위해 남성이 되기

여성과 여성스러운 것에 대한 부정적인 태도에 대응하기 위해 자신의 섹슈얼리티와 여자다움을 외면하는 여성들이 있다. 거트루드도 그런 여성이었다. 그녀는 매우 가부장적인 아버지 밑에서 착한 딸로 자랐고, 아버지와 똑같은 가부장적인 남자와 결혼해 남편의 '딸'이 되었다. 거트루드의 내면 가부장은 그녀가 여성으로 태어났다는 사실이 삶에 걸림돌이 되지 않게 해서 그녀를 도우려 했다. '그냥 전업주부'가 되는 상황에서 거트루드를 구하려 했고, 이 시도는 매우 성공적이었다. 그는 그녀를 남성보다 더 뛰어난 남성으로 만들었다. 독일 대학에서 그 힘들다는 박사 학위를 따게 했고, 결국 대학 직원 중 유일하게 정년을 보장받은 여성으로 만들었다. 그녀의 내면 가부장과 이야기하는 것은 참으로 흥미로운 경험이었다. 거트루드에 대한 그의 의견 일부를 살펴보자.

난 거트루드가 여성의 몸을 가졌다는 게 늘 마음에 걸렸습니다. 여자라는 사실이 절대 거트루드에게 걸림돌이 되지 못하도록 막았지요. 거트루드의 엄마가 생리 때문에 시험을 치르기 어려울 거라고 해도, 나는 시험을 봐야 한다고 말했습니다. 거트루드가 온 세상을 여행하고, 남자들이 할 수 있는 건 무엇이든 하도록 했지요. 더 빠르게, 더 훌륭히 해낼 수 있도록 만들었어요. 거트루드의 아버지까지도 딸을 존경할 정도였습니다.

난 여자들을 보면 아주 불안해집니다. 통제라고는 모르는 것 같고 예측할 수도 없어요. 난 상황이 어떻게 돌아가는지, 어떻게 돌아가야 하는지 알고 있습니다. 그러니까 거트루드가 내 말을 들으면 필요한 일을 하게 되고 결과가 좋을 수밖에 없지요.

거트루드가 여신이나 할 법한 여성스러운 일을 하는데, 그게 너무 거슬립니다. 나한텐 어리석어 보이거든요. 거트루드는 여신을 섬겨서는 안 돼요. 신은 남성이고, 그게 전부입니다. 거트루드가 남성적인 일이 아닌 다른 무언가를 할 때면 아주 바보가 된 듯한 기분이에요.

거트루드를 앞으로 나아가게 할 목표가 없을 때 걱정이 됩니다. 거트루드가 뭘 할지 모르겠어요.

나는 한동안 거트루드의 내면 가부장과 대화를 나눴다. 그는 정말 흥미로웠다. 내가 그를 판단하거나 파괴하려는 의도가 없다는 걸 깨닫자, 그의 태도가 눈에 띄게 부드러워졌다. 하지만 그는 여전히 그녀의 정서적이고 창조적인 면을 두려워했다. "거트루드가 창조적인 면을 개발하기 시작하면 지위를 잃을까 봐 두렵습니다. 어리석은 짓을 하는 다른 여자들처럼 보일 거예요. 지난 세월 동안 내가 거트루드를 위해 얻어낸 모든 특권과 힘이 허사가 될 겁니다. 내가 말하는 대로 행동하지 않으면, 아무도 거트루드를 존경하지 않을 겁니다. 남자처럼 행동하는 걸 멈추고 여자처럼 행동하기 시작한다면요!"

여기에 한 가지 문제가 있다. 거트루드가 자신의 여성스러운 측면을 개발하도록 허락되지 않았다는 점이다. 이로 인해 거트루드는 타고난 성향이나 기쁨에서 많은 부분 단절되었다. 게다가 아무리 그녀가 남자처럼 행동한다고 해도 그녀는 여전히 여자다. 이 근본적인 사실이 문제가 된다.

지금까지 내면 가부장의 전반적인 그림을 제시하였다. 이제 내면 가부장이 관심을 두는 각 영역을 좀 더 자세하게 살펴보려 한다. 2부에서는 내면 가부장의 말을 좀 더 많이 인용해서, 그중 익숙하게 느껴지는 게 있는지 생각해볼 기회를 마련할 것이다. 이를 통해 자신의 내면 가부장의 말에 주파수를 맞추고, 여성에 대한 그의 견해를 들을 수 있을 것이다.

내면 가부장의 견해를 앞서와 같은 맥락에서 듣기 전에는 그 존재를 자신과 별개로 지각하기가 어려울 것이다. 당신은 주류 문화라는 물속에서 헤엄치는 물고

기와도 같다. 물속에서 헤엄치는 물고기는 물 밖으로 나오기 전까지는 물에 대해 묘사할 수 없다. 그러니 이 책을 계속 읽어나가며 우리가 헤엄치고 있는 물속에서 빠져나올 수 있길 바란다.

2부

내면 가부장의
목소리

3장

내면 가부장과 권력

아무 희망도 없다고, 나는 끝났다고 느낀다. 나는 여자다. 무엇을 하든, 나는 이길 수 없다.

—아이린의 꿈에서

우리의 내면 가부장은 누구에게 기초 교육을 받을까? 바로 어머니다. 가부장제 문화의 가치를 반복하는 어머니들은 자신의 지식과 신념을 내면 가부장에게 전파한다. 이런 교육이 여성의 힘을 약화시키는데도 왜 어머니들은 그렇게 가르치는 것일까? 어머니들은 그것을 '남성들의 세상'에서 살아가는 법을 가르치는 행위라고 본다. 간혹 도움이 될 때가 있기는 하다. 그러나 이런 가르침이 어떻게 우리의 전진을 방해하는지 살펴보는 것이 중요하다. 성인 여성의 내면에 존재하는 가부장의 목소리를 듣고 그의 조언을 평가하는 법을 배울 때, 우리는 여성의 힘을 되찾을 수 있다. 어쩌면 생애 처음 그 힘을 경험하는 사람도 있을 것이다.

여성이 힘을 갖는 것을 두려워하는 이유

내면 가부장은 여성이 세상에서 힘 있는 자리에 오르는 것을 원하지 않는다. 집 안에서 힘을 갖는 건 용인되지만, 집 밖에서는 절대 안 된다. 그는 자연의 질서에 따라 당연히 남성이 힘을 가져야 한다고 느낀다. 여성의 힘을 거부하는 신념은 너무나도 뿌리 깊다. 마치 DNA에 각인된 것처럼 세포 수준에서부터 느낀다. 때때로 나는 여성의 힘에 대한 두려움이 역사에서 기인한 것은 아닌지 궁금하다. 과거에 가장 큰 힘을 가졌던 여성에게 결국 어떤 일이 일어났는가? 고대 여사제는 '우상 숭배자'와 '이교도'로 지목받아 살해되었고, 몇 세기 전에는 현명하고 힘 있는 여성이 마녀로 몰려 화형당했다. 힘 있는 여성은 안전하지 않다. 이 교훈은 문화와 어머니들에 의해 후대로 전해졌다.

다음에 예로 든 꿈은 여성의 힘에 대한 단상과 함께 어머니들이 내면 가부장을 훈련하는 방법을 보여준다. 내면 가부장에 관한 워크숍 기간에 한 여성이 꾼 꿈이다. 그 여성은 40대 초반의 네덜란드 사람인 아이린이다. 그녀는 지적이고 다양한 언어를 구사하며 심리적으로 세련된 데다 미국, 캐나다, 아프리카, 프랑스 등지에서 살아봤기 때문에 세상 경험도 풍부했다. 새로운 시도를 두려워하는 여성은 분명 아니었다!

아이린의 꿈

부모님 집에 온 가족이 모였다. 나는 방금 안내 책자를 받았다. 좋은 대학에서 입학 허가를 받았다는 소식이 담겨 있었다. 나는 거실로 가서 안내 책자를 소파 위에 아무렇게나 둔다. 어머니는 소파에서 외삼촌 무릎에 앉아 있고, 다른 외삼촌 둘은 어머니 가까이에서 있다. 외삼촌들은 어머니에게 너는 아무런 쓸모가 없고 앞으로도 그럴 거라고, 멍청한 여자라고 말하고 있다. 나는 어머니가 얼마나 상처 입었는지, 얼마나 굴욕감을 느끼고 마음이 다쳤는지 알수 있다. 얼마 지나지 않아 어머니가 안내 책자를 집어 들어 읽더니 나를 바라본다.

이제 어머니의 얼굴이 다르게 보인다. 아주 차갑고 멀게 느껴지는 눈빛이다. 굉장히 무표정하고, 감정을 드러내지 않는 가면을 쓴 것 같은 얼굴이다. 분명 우리 어머니이지만, 어머니가 아니다. (참고: 지금부터 아이린에게 말하는 사람은 아이린의 어머니가 아니라 어머니의 내면 가부장이다.) 새로운 어머니 모습에 나는 섬뜩함을 느낀다. 어머니는 너무나도 차갑고, 너무나도 멀리 떨어져 있고, 내 감정이나 욕구를 전혀 고려하지 않는다. 난 그녀를 기쁘게 하려고, 마음을 풀어주려고 미소를 짓는다. 하지만 그녀는 내 미소를 알아차렸다는 신호조차 주지 않는다. 나를 차갑게 노려보며 오른손으로 안내 책자를 집어 들더니 내게 묻는다. "이 허튼소리는 뭐니?" 나는 그것이 내게 얼마나 중요한지 말한다. 그녀는 이렇게 대꾸한다. "이건 아무 쓸모가 없어. 미국 대학 학위잖니. 그런 건 아무 가치도 없어."

기분이 정말 나쁘다. 어머니가 한 번만, 단 한 번만이라도 내 결정을 지지하거나 존중해주면 좋겠다. 나는 네덜란드 대학에 입학하는 거라면 더 낫겠냐고 묻는다. "그건 불가능해. 넌 나이가 너무 많잖니. 마흔두 살에 공부라니, 생각 접어."

"열아홉 살이라면?" 내가 묻는다.

"열아홉 살? 열아홉 살이라면 남편감을 찾아 아이 가질 생각을 해야지!"

아무 희망도 없다고, 나는 끝났다고 느낀다. 나는 여자다. 무엇을 하든, 나는 이길 수 없다. 하지만 나는 어머니가 단순히 자기 딸을 거부하는 것이 아님을 깨닫는다. 그녀는 상처 입은 사람이다. 자신이 받은 메시지를 내게 넘겨주는 것이다. 그녀가 하는 말의 근원을 알게 되자 덜 상처받고, 감정 이입을 덜 하게 되고, 좀 더 독립적으로 되는 것 같다.

나는 이 여성에게 등을 돌리고 걸어 나온다. 내 뒤에 서 있던 친구가 갑자기 나를 '지지해주고' 오른손으로 내 왼손을 단단히 마주 잡는다. 나는 그 친구를 목소리 대화법 워크숍에서 만났다. 그녀를 아주 많이 좋아한다. 이렇게 에너지와 힘을 공유하는 것이 매우 기분 좋다. 나는 그녀에게 고마운 마음을 전한다.

그런 다음 집을 나온다. 집을 떠나면서 바깥세상이 더 이상 수평적으로 펼쳐져 있지 않다는 걸 발견한다. 이제 세상은 비스듬하게 펼쳐져 있다. 이 세상에서 걷는 법을 새로 배워야 한다.

이 꿈은 우리 내면 가부장이 어머니들에게서 가르침을 받는 모습을 잘 보여준다. 어머니들은 여성스러움을 폄하하는 가부장적 문화 때문에 상처 입었다. 어머니들은 힘을 얻으려고 노력하다가, 자신에게 허락된 것 너머의 것을 염원하다가 굴욕을 당했다. 외부의 가부장(이 꿈에서는 어머니의 남자 형제들)은 이런 행동을 이유로, 심지어 그녀가 여자라는 이유로 창피를 줬다. 우리가 이런 굴욕감을 느끼지 않도록 어머니들은 우리에게 자기 자신을 제한하도록 가르쳤다.

그래서 내면 가부장이 정의한 우리 자신의 제한된 기대는 문화에서 정의한 여성의 한계와 일치한다. 너무 많은 힘을 열망해서는 안 된다는 데 우리는 동의한다. 위험하기 때문이다. 세상이 어느 정도 변해서 여성에게 힘이 주어진다 해도, 내면 가부장이 여성의 힘이라는 문제에 우려를 제기하는 한 우리는 불편함을 느낀다. 앞서 설명했듯이, 내면 가부장은 힘을 심각한 사안으로 여긴다. 내면 가부장이 어떻게 말하는지 직접 들어보도록 하자.

"여자는 힘 있는 자리에 있어서는 안 돼"

미국과 호주, 유럽 여성들의 내면 가부장이 한 발언을 그대로 옮겨보았다.

- 진짜 여자라면 힘을 원하지 않아!
- 여자는 힘 있는 자리에 있어서는 안 돼. 자연의 질서에 위배되는 거니까.
- 그녀가 힘을 가지면 남자처럼 행동하게 되고, 그럼 그녀는 진짜 여자가 아니게 되는 거야.

- 여자는 그런 일은 하지 말아야 해. 아니, 난 그녀가 자랑스럽지 않아.(대규모 사업체를 아주 성공적으로 일군 여성에게 한 말)

- 걘 여자잖아. 결코 아무것도 되지 못할 거야. 여자가 뭘 바란다는 것 자체가 웃기는 거야. 그냥 여자는 아무것도 시도하지 않는 게 더 나아.

- 걘 여자잖아. 시도도 하지 말아야지. 그러다간 완전히 실패하고 말 거야.

- 저 여자는 자리를 얻으려고 누구랑 잔 게 분명해.

- 맞아, 그 여자가 큰 사업체를 일구긴 했지. 하지만 그래봤자 여자잖아. 안됐지만 곧 망하겠지.

- 그 여자는 아무리 노력해도 늘 2등일 거야. 그냥 편하게 받아들이는 편이 훨씬 더 나을 텐데.

- 여자들이 하는 사업은 잘 될 리가 없어. 조그만 양품점은 괜찮지만, 그 정도지 뭐.

- 그건 요행일 뿐이야.(전통적으로 남성의 직종에서 여성이 이룬 큰 성공에 관해)

우리 안의 유리천장

유리천장은 바깥뿐 아니라 우리 내면에도 존재한다. 내면 가부장은 우리가 중요한 성과를 내려는 순간, 말 그대로 발을 걸어 넘어뜨릴 것이다. 이것이 바로 여성이 너무 많은 힘을 갖거나 지배적인 존재가 되면 결국 굴욕당하거나 실제 위험에 노출되리라는 두려움이다.

내면 가부장에 관한 강의를 진행하던 중, 전국경영자협회에서 전국적으로 활발하게 활동하는 한 여성이 관찰한 바를 공유한 적이 있다. 최근 열린 전국 단위 행사에서 놀랄 만큼 많은 여성들이 넘어져서 팔, 다리, 발목이 부러진 점에 그녀는 주목했다. 이에 대해 꽤 날카로운 통찰을 했는데, 그 여성들이 전국적인 명성을 얻게 되자 내면 가부장이 결국 물리적으로 '발을 걸어 넘어뜨린' 게 아닐까 생각했다는 것이다. 아주 훌륭한 가설 같다.

변호사이자 조정관인 패치 시프는 내면 가부장이 여성의 힘과 성공을 폄하하는 역할을 한다고 말했다. 즉, '내면의 유리천장' 역할을 수행한다는 것이다. 다음은 패치가 캘리포니아 새크라멘토에서 여성 모임을 대상으로 한 강연 '안팎의 갈등Conflict Within and Without'에서 발췌한 것이다.

나는 (할과 시드라 스톤 부부가) 내면 가부장이라고 부르는 것을 자주 떠올린다. (…) 내면 가부장이라는 자아는 여성이 어떤 면에서든 남성만큼 할 수 없다고 믿는다. 예를 들어 몸에 심각한 문제가 있으면 남자 의사에게 가야 한다. 여성은 협상할 때 남성만큼 힘을 발휘할 수 없다고 생각한다. 여러분은 남성과 충돌할 때 자신이 상대편만큼 강하지 않다고 느낄 것이다.(이런 이유로 여러분은 협상에서 평상시보다 더 약해질 것이다.) 여성으로서 우리의 발걸음이 위대하기는 했지만, 사회에는 여전히 가부장제의 견해가 만연하다.(그리고 앞에서 살펴본 것처럼 여성의 내면 가부장 안에도 존재한다.) 최신 계간 『가정 조정Mediation』에 실린 조정 성공 사례에 관한 연구에 따르면, 남성

내 안의 가부장

조정관과 여성 조정관의 성공률은 비슷했지만, 오랜 기간 지속된 합의 조정의 경우, 여성 조정관의 성공률이 더 높았다. 흥미롭게도 고객들은 여성 조정관의 실력이 떨어진다고 인식했다. 심지어 조정 결과가 더 성공적이라고 느끼는 경우에도 말이다.

앞서 살펴본 내면 가부장의 발언에서 알 수 있듯, 우리의 내면 가부장은 여성의 역량이 상대적으로 부족하다는 관점에 전적으로 동의한다. 무엇이 됐든지 여성보다 남성이 더 뛰어난 실력을 보였거나 더 잘할 수 있다는 것이다. 내면 가부장은 여자 의사에 대해 다음과 같이 말한다.

- 정말 여의사를 믿을 수 있어? 난 못 믿어.
- 그녀는 아마 파트타임으로만 일할 거야. 그러니까 일을 따라가지 못할걸.
- 여자도 의사가 될 수는 있지. 하지만 진짜 의사는 될 수 없어.

나는 남성 지배적인 세상에서 투쟁해 경력을 쌓고 목표를 달성한 여성들이 내면 가부장, 즉 자기 내면의 유리천장에 직면하는 수많은 사례를 목격했다.

코니는 남성 지배적인 분야인 경제학에서 박사 학위를 땄다. 그리고 캄보디아에서 중요한 임무를 맡게 되었다. 그녀는 그 기회에 기뻐했고, 일에 착수할 준비가 되어 있었다. 하지만 그녀의 내면 가부장은 이를 대단찮게 생각했다. 그는 이렇게 말했다. "너 이거 할 수 있는 거 확실해? 넌 그냥 여자애라고!"

루스는 건축학교에서 맹렬히 공부하며 자신의 길을 헤쳐나갔고, 경제 침체기에 직장을 구했다. 그녀는 가부장적인 남성들의 일터에서 일하며 적절하게 처신하는 법을 배웠고, 마침내 짐바브웨의 의과대학을 설계하는 중요한 계약을 따냈다. 그녀의 모든 노력이 결실을 맺은 것이었다. 이때 그녀의 내면 가부장은 말했다. "이런 일은 남자에게 맡겨야 되는 거 아냐? 너한텐 너무 과할지 몰라."

성공한 여성이 연애를 못 할 때

알마는 매력적인 31세 여성으로, 크게 성공한 사업가다. 그녀는 스스로를 페미니스트로 여겼고, 알마의 부모님은 그녀의 인생행로를 지지해주는 든든한 지원자였다. 그녀는 내면 가부장을 전혀 의식하지 못했다. 지금까지 개인 생활을 희생하여 일에 에너지를 쏟아 부었다. 알마가 남자를 만나 관계 맺기 시작했을 때, 우리는 그녀의 내면 가부장이 '관계와 힘의 규칙'에 대해 무슨 말을 하는지 알아내기 위해 인터뷰를 진행했다.

시드라 관계에 관한 몇몇 규칙을 정해두고 있는 것처럼 보이네요.

내면 가부장 당연하지요. 알마가 남자와 사귀게 되면 나는 알마가 남자 오른쪽에서 한 발짝 정도 뒤처져서 걷기를 바랍니다. 절대 나란히 걷거나 대등해지고 싶어 하는 듯한 느낌을 줘서는 안 돼요. 남자들은 그런 걸 좋아하지 않습니다. 나도 용납이 안 되고요.

시드라 그녀가 세상에서 성공한 것에 대해서는 어떻게 느끼세요?

내면 가부장 내가 보기에는 실패자예요. 알마는 분명 결함이 있는 여자예요. 남자를 못 만나고 관계 유지를 못 하지 않습니까. 그녀가 삶에서 이룬 어떤 것도 내겐 전혀 대단해 보이지 않아요.

시드라 만일 알마가 남성이고, 서른한 살 나이에 사업에 성공했다면 어떨 것 같아요? 아직 이성과 지속적인 좋은 관계는 맺지 못했고요.

내면 가부장 그러면 얘기가 달라지지요. 남자라면 시간이 많아요. 하지만 지금 상황에서 알마는 서둘러야 합니다.

시드라 그러니까 지금 마음이 급하신 거군요?

내면 가부장 네, 그래요.

시드라 그런 마음이 지금의 관계가 더 깊어지고 발전하길 바라는 것과 관련이 있나요?

내면 가부장 당연히 있습니다. 알마는 뭐라도 빨리 해봐야 돼요.

시드라 아, 다른 사람과의 관계에도 당신이 개입했군요. 그러니까 이 남자가 과연 잘 맞는 사람인지 알마가 의문을 품었던 지난번 관계라든지 말이죠.

내면 가부장 맞아요. 내가 알마에게 걱정하지 말라고, 모든 게 잘될 거라고 말했어요. 내 느낌엔 알마가 노력만 열심히 하면 충분히 잘될 것 같았거든요. 알마가 만나는 사람이 없으면 난 아주 초조해져요.

시드라 다시 질문할게요. 알마가 남자라도 걱정이 될까요?

내면 가부장 아니요.

시드라 하지만 알마는 돈을 잘 벌잖아요. 스스로를 돌볼 수 있어요.

내면 가부장 그것으론 충분하지 않지요. 여자라면 아내가 되어야만 합니다. 그게 전부예요.

시드라 알마가 어머니가 되는 것에 대해선 어떻게 생각하세요?

내면 가부장 그건 크게 신경 안 써요. 그냥 아내면 됩니다.

시드라 관계를 갈구하는 알마의 마음에 대해 우리가 얘기를 나눴는데요. 거기에 대해선 어떻게 느끼세요?

내면 가부장 조금은 질척대도 괜찮죠 뭐. 하지만 남자가 진이 빠질 정도면 안 돼요. 남자는 일하는 데 에너지를 다 쏟아 부어야 하니까요.

시드라 그러니까 알마가 남편을 뒷바라지하길 기대하는군요?

내면 가부장 맞습니다. 알마에게 남편이 최우선순위였으면 하죠. 집을 안락하고 편하게 꾸미고, 맛있는 음식을 만들고. 남편이 안전하게 원기 충전하고 다음 날 다시 밖에 나가 일할 수 있게 해주는 그런 보금자리를 꾸리길 바랍니다.

시드라 그렇다면, 알마의 일은 중요하지 않은 거군요?

내면 가부장 맞습니다. 중요한 건 남자의 일이지요.

시드라 그럼 알마의 감정은요? 그녀가 그걸 배우는 데 긴 시간이 걸렸는데요.

내면 가부장 관계를 좋게 만들기 위해 남자와 감정을 좀 나눌 수는 있겠지요. 하지만 자기 감정이 남자에게 부담이 되게 해선 안 될 일이죠. 그런 건 여자 친구들이랑 나누면 되죠. 알마가 행복하지 않을 때는 특히 더 그렇죠. 친구란 게 그럴 때 필요한 거 아닙니까. 알마한텐 좋은 친구들이 몇 명 있어요. 감정은 그 친구들과 공유하

내 안의 가부장

면 되죠. 여자들 감정으로 남자에게 부담을 줘선 안 돼요. 남자들은 해야 할 중요한 일이 있습니다.

시드라 다시 물을게요. 알마의 일이 당신에게 정말 중요하지 않나요?

내면 가부장 아까 말하지 않았습니까. 알마의 일은 중요하지 않아요. 내게 중요한 건 알마가 남자를 사귀는 거예요!

알마가 직업적으로 무엇을 하건 내면 가부장은 그녀의 일을 대수롭지 않게 여겼다. 그녀가 결혼하기 전까지 그는 만족하지 못할 것이다. 결혼 말고는 없다. 하지만 알마가 잘나가는 자신의 일을 그만두고 전업주부가 되고, 어쩌다 엄마가 된다면, 그녀의 내면 가부장은 그녀에 대한 모든 존경심을 잃고 그녀를 무시하게 될 것이다. 다시한 번 내면 가부장이 만드는 진퇴양난의 상황이다!

앞에서 살펴본 것처럼, 내면 가부장은 여성이 가진 힘이 그녀를 여자답지 못하게 만들고 남자와의 관계를 방해하는 부자연스러운 요소라고 본다. 그가 보기에 '여성스럽고 힘 있는 여성'이라는 표현은 모순이다. 다른 염려와 더불어 그는 여성이 힘을 온전히 갖게 되면 더 이상 여성이 아니게 되고, 나아가 남성을 필요로 하지 않거나 원하지 않게 될까 봐 두려워한다. 이런 생각이 반드시 사실이라고 할 수는 없다. 힘을 가지면서도 여성성을 간직하는 방법에 대해 마지막 장에서 자세히 설명하도록 하겠다. 그 전에 먼저 내면 가부장이 관계, 특히 전통적인 남성과 여성 사이의 관계에 대해 어떻게 느끼는지, 어떤 규칙을 세우고 있는지 살펴보자.

4장

내면 가부장과 남녀 관계

나는 그 여자가 삶에서 뭘 성취했는지는 관심 없어. 남편이 없는 여자

는 실패야!

—어느 내면 가부장

관계는 내면 가부장에게 지극히 중요한 부분이다! 남녀 관계가 지속
되고 성공하는 것이 그의 주된 관심사다. 내면 가부장의 역할은 이성애
적 관계와 결혼을, 그리고 이를 통해 문화의 연속성을 도모하고 보호하는 것이다.
레즈비언 여성들의 내면 가부장과 대화할 기회가 여러 번 있었는데,
대부분 동성애에 대해 매우 비판적이었다. 이 여성들은 가부장적 문
화에 존재하는 동성애 혐오 반응에 대처하는 동시에, 자기 내면에
존재하는 가부장에게서 뼈아픈 공격을 받고 있었다. 내면 가부장에
대해 배우고 이들로부터 분리되는 법을 배우기 전까지, 레즈비언 여

성들은 모든 부정적인 판단이 외부에서 온다고 생각했다. 자신의 내면 가부장의 목소리를 듣고 나서야 비로소 그들은 한 곳이 아닌 두 군데 전쟁터에서 자신을 보호해야 함을 인식하게 되었다.

여성의 행동에 대해 견해를 바꾼 내면 가부장이라 할지라도, 남녀 관계에서 여성의 역할에 대해서는 대부분 목소리를 높였다. 그의 기대와 참견, 규칙, 판단 들은 아버지가 아닌 어머니에게서 받은 것이다. 어머니들은 딸과 아들 모두에게 이를 전파했다. 어머니가 이런 생각을 늘 언어로 전달하는 것은 아니다. 직접 역할 모델이 되는 경우도 있고, 때로는 어머니 자신이나 다른 여성들의 행동을 평가하며 이를 본보기 삼아 바람직하거나 바람직하지 않은 행동의 예시를 보여주기도 한다.

내면 가부장은 관계 자체와 관계 속 여성의 역할에 대해 확고한 견해를 갖고 있다. 그는 관계 가꾸기가 여성의 전문 영역이기에 기본적으로 여성이 책임져야 한다고 생각한다. 관계에서 여성의 역할을 칭찬하고 남편과의 관계와 가정을 유지하는 데 점수를 준다. 실제로 이에 대해 말할 때 그는 상당히 감성적이 되기도 한다. 뒤에서 이런 존중과 염려의 긍정적인 측면들을 중점적으로 살펴볼 것이다. 이 장에서는 내면 가부장이 세운 규칙들, 삶의 중요한 측면인 관계를 돌보는 것에 대한 전반적인 평가 절하, 그리고 남성과 여성의 행동에 대한 이중 잣대 등을 집중적으로 다룰 것이다.

내면 가부장에게 말을 걸 때, 혹은 지배적인 문화를 관찰할 때는 남녀 관계가 상당히 중요한 요소지만, 세상에서의 성취라는 측면에서는 그렇게 중요하지 않다는 것을 분명히 알 수 있다. 여성들이 관계를 돌보기 위해 쓴 시간이나 그 결과물인 관계의 질은 기본적으로 실체가 뚜렷하지 않은 성취다. 분명 '세상에서의 성취'보다 가치가 낮다.

내면 가부장의 규칙을 따르고 관계를 훌륭하게 가꿔온 여성은 열심히 노력해서 특별한 것을 성취했다고 인정받지 못한다. 놀라운 성취를 이룬 공로조차 인정받지 못할 가능성이 상당히 크다. 그저 여성으로서 자기 역할을 다했다고 볼 뿐이다.

흥미롭게도, 관계를 가꾸는 데 많은 시간과 노력을 들인 남성 역시 별로 인정받지 못한다는 점도 눈길을 끈다. 사실 어떤 사람들은 그가 그다지 남자답지 못하다고 생각할 수 있는데, 여자의 영역, 다시 말해 남자에게 어울리는 관심사보다 덜 중요한 영역에 노력을 집중했다고 보기 때문이다. 그러니 관계를 훌륭하게 구축한 남성을 남성으로서 큰 성취를 이룬 인물로 생각할 거라고는 상상하기 어렵다.

나는 수많은 내면 가부장과 대화를 나눴고, 남녀 관계에 대한 그들의 발언 일부를 그대로 옮겨보고자 한다. 제대로 된 여성이라면 남편이 있어야 하고, 아니면 적어도 진지하게 만나는 남자친구라도 있어야 한다는 게 기본 전제다. 먼저 소개하는 발언들은 남자와의 관계가 절대적으로 필요하다고 주장한다.

- 내가 걔한테 얼마나 많이 말했는지 몰라. 남자가 없는 여자는 진짜 여자가 아냐.
- 결혼을 하고 그 결혼을 유지하는 것 말고 여자가 살면서 할 일이 뭐가 있어. 그러지 못하면 실패한 거지.
- 걔가 정말 강하고 힘 있고 부자인 남자를 만났으면 해. 세상에서 보호해줄 수 있고, 다른 남자의 존경을 받는 남자를 말이야.

- 남자랑 결혼해야지. 레즈비언이라니, 그건 수치야!
- 여자에게는 자신을 보호해줄 강한 남자가 필요해.

일단 여성이 남성과 관계를 맺으면 내면 가부장은 그녀가 그 관계와 상대 남성을 전적으로 책임지도록 만든다. 이를테면 이런 식이다. 부부인 제인과 조가 하루 일을 마치고 집으로 돌아와 만난다. 조는 말이 없고, 태도가 쌀쌀맞다. 분명 뭔가에 기분이 상한 듯하다. 제인의 내면 가부장은 제인이 남편의 기분을 상하게 하지는 않았나 싶어 그날 아침과 전날 밤에 있었던 일들을 복기하기 시작한다. 조가 기분이 안 좋은 건 분명 제인 때문이다. 그녀의 내면 가부장이 심문한다. "너 무슨 말 한 거 아냐?" "아침 먹을 때 상냥하게 했어?" 나름의 의견도 제시한다. "알지, 너 지난밤에 너무 피곤하다고 사랑을 못 나눴잖아. 남편이 너한테 화났을 거야." 내면 가부장이 심문을 끝냈을 즈음이면 제인은 죄책감이 너무나 큰 나머지 조를 자연스럽고 편안하게 대할 수 없을 것이다. 제인은 그의 파트너가 될 수 없다.

반대 상황을 생각해보자. 제인이 말없이 기분이 상한 상태로 집에 오면 다른 시나리오가 펼쳐질 것이다. 제인이 기분이 안 좋은 게 조 때문이라고 훈계하는 내면 가부장이 조에게는 없다. 그래서 조는 직장에서 무슨 일이 있었을 것이라 짐작하고 편하게 무슨 일인지 묻는다. 조의 내면 가부장은 조가 제인의 기분을 책임져야 한다고 생각하지 않는다. 따라서 그는 상황을 좀 더 객관적으로 볼 수 있고, 그 상황에 대해 책임감을 느끼지도 않는다. 매우 흥미롭게도 책임에 대한 규칙을 갖고 있지 않은 그는 실제로 파트너 이상의 위치에 있다.

이제 내면 가부장이 여성에게 어떻게 남성과의 관계를 책임지도록 하는지 살펴보자. 다음 발언을 통해 내면 가부장의 시각을 파악할 수 있다.

- 나는 남녀 관계에서 뭐가 잘못되면 그건 여자의 책임이라고 생각해. 언제나 여자가 문제야. 난 이렇게 묻지. "네가 뭘 안 해줬기에 남편이 불행한 거야?(아님 남편이 널 때리게 된 거야?)" "상황을 개선하기 위해 네가 할 수 있는 게 뭐야?"
- 남자가 성적으로 흥분이 안 된다면 너한테 뭔가 문제가 있는 거야. 남편의 성욕을 회복시키는 건 네 몫이야.
- 남자는 성적인 만족이 필요해. 아내가 남편과 성관계를 원하지 않는다면 남편이 바람피워도 할 말 없다고 생각해.
- 관계가 틀어지거나 이혼 과정에 있으면 난 여자가 뭘 잘못했는지, 어떻게 했더라면 상황이 나아졌을지 보려고 해.
- 어느 집단에 가든 난 남자들을 봐. 남자들이 행복하고 건강해 보이면 좋은 아내와 결혼을 잘했다고 생각하지. 좋아 보이지 않으면 그건 여자들 탓이지. 난 알아. 그냥 여자가 해야 할 일을 안 하는 거야. 남편이 건강하지 않거나 행복하지 않으면 난 그 아내를 탓해!
- 삶의 질은 정말 여자 하기 나름이라니까.

내면 가부장은 일단 내 남자가 생기면 그를 어떻게 돌봐야 하는지 전문가 수준으로 빠삭하다! 이와 관련해서 내가 미국과 해외에서 들은 규칙을 소개

내 안의 가부장

해보겠다.

- 여자들은 남자를 돌보기 위해 존재하는 거야.
- 여자가 남자보다 잘나면 안 돼. 안 그럼 남자가 떠날 거야.
- 아이디어를 생각해낸 게 네 남편인 편이 나아. 네가 생각한 거라도 남편이 먼저 생각해낸 것처럼 보이게 하라고.
- 부부가 세상에서 어떤 일을 하든 집, 요리, 청결, 분위기 같은 건 네 책임이야. 네가 일하고 남편이 집에 있더라도 마찬가지야.
- 좋은 아내는 언제든 남편의 요구에 부응해 섹스를 할 수 있어야 하되, 성적으로 요구하는 게 많아서는 절대 안 돼.
- 네 일이 아무리 중요하더라도 언제나 남편보다 먼저 집에 돌아와야 해. 마치 네가 일하러 나간 적이 없는 것처럼 보이면 제일 좋지.
- 좋은 아내는 집과 가계부를 깔끔하게 유지하지.
- 제일 중요한 건 네 남편을 잘나 보이게 하는 거야! 너 자신도 집도 잘 꾸미고 애들도 잘 키워서 말이야.
- 항상 남편을 우러러보고 네 의견보다 남편의 의견을 더 소중하게 생각해. 남편이 너보다 더 똑똑하고 경험이 많다는 걸 알아야 해.
- 진짜 여자는 상대방을 어떻게 받쳐주는지 알고 있지.
- 여자는 반드시 남편의 요구를 따라야만 해.
- 좋은 여자라면 자기 남자가 불편해할 만한 활동은 절대 계획하지 않아.
- 항상 네가 잠들기 전에 남편이 먼저 잠들었는지 확인하도록 해.

- 좋은 아내는 집에서 남편에게만 유혹적이어야 해. 남들이 보는 데서는 절대 그러면 안 돼.
- 아내는 남편이 집에 있을 때 반드시 집에 있어야 해.

이상적인 결혼이란

다음은 젊고 똑똑하고 매력적인 기혼 여성 애니의 내면 가부장과 나눈 대화다. 애니는 대학원에서 심리학을 전공하는 학생이었다.

> **시드라** (애니와 남편의) 결혼생활이 어떤 모습이어야 할지 당신의 생각을 말해주세요.
>
> **내면 가부장** 나는 애니가 여성적이었으면 해요. 애니는 배경에 있고 (동작으로 위치를 가리킨다) 애니 남편이 전면에 나서기를 바라죠. 애니의 남편이 애니와 세상 사이에 있을 때가 보기 좋더라고요. 나는 애니가 혼자 세상에 맞서지 않기를 바라고, 남편 앞에 서는 건 더더욱 원치 않아요. 그러지 않는 편이 더 안전하고 편해요. 아니지, 그게 맞는 방법이지요. 당연한 거고요. 애니가 처신을 잘 했으면 좋겠어요.
>
> **시드라** 처신을 잘 한다는 게 무슨 뜻이죠?
>
> **내면 가부장** 난 애니가 남편보다 똑똑한 걸 알아요. 그래서 내가 그를 좀 얕보는 게 사실이긴 해요. 하지만 그렇더라도 애니 남편이 애니보다 더 잘나 보여야지요.
>
> **시드라** 어떻게 하면 그렇게 보이지요?

내면 가부장 예를 들자면, 애니가 경제권을 쥐고 총괄하는 게 맘에 안 들어요. 그래서 나는 애니 남편이 모든 결정을 하는 것처럼 보이도록 하지요. 그런 식으로 하면 부도 수표라든지 일이 잘못되었을 때 애니 남편 탓을 할 수 있어요. 그의 결정이었으니까.

기본적으로 나는 애니의 남편이 모든 결정을 내렸으면 좋겠어요. 애니는 사람들이 어떻게 생각하는지 신경을 너무 많이 써요. 남편이 결정을 내리면, 애니가 하는 일에 누가 불만을 갖더라도 다 남편의 잘못이니까 남편이 비난을 받게 되지요. 애니 잘못이 아니에요. 애니가 더 강하고 사람들의 판단에 예민하지 않았더라면 그녀가 결정을 내리도록 했을 거예요.

시드라 이런 걸 다 어디서 배웠나요?

내면 가부장 애니의 언니한테 배웠어요. 애니의 어머니는 좀 남성스러운 편이었어요. 아주 비판적이었고, 여성스럽지가 않았지요. 애니의 언니는 모델이었고 여자답게 행동하는 법을 알고 있었어요. 그래서 난 애니에게 말했어요. "언니를 본받아서 여자가 되는 법을 배워. 어떻게 해야 세상에서 잘 통하는지, 남자들이 어떤 존재인지 나는 알고 있지. 그러니까 내 말 들어. 내가 안전하게 해줄게. 나야말로 이 세상이 어떻게 돌아가는지 안다니까. 어머니도 모르고 페미니스트도 몰라."

시드라 그러니까 페미니스트를 안 좋아하는 거네요?

내면 가부장 사실 어떤 면에선 페미니스트를 존경해요. 내 생각에 그들은 여성을 향한 폭력이나 강간에 맞서서 훌륭한 일을 했어요. 하지만 그들은 진짜 여자라면 어떻게 행동해야 하는지를 몰라요.

페미니스트들은 많은 여성에게 많은 문제를 일으키고 있어요.

애니는 아내라는 역할 안에서 꽃을 활짝 피운 아주 여성스러운 여자였다. 그녀는 남편의 보호를 즐겼다. 자신이 느끼는 많은 부분이 실제가 아니라 환상에 불과하다는 것을 깨달았지만 말이다. 그런데 애니의 남편은 그녀만큼 고등 교육을 받지 않았고, 조종하기 쉬운 사람이었다. 그는 그녀의 내면 가부장보다 못한 남자였고, 그래서 그녀의 내면 가부장은 그를 존중하지 않았다.

감수성이 풍부한 남자를 바라보는 여자의 복잡한 마음

이미 짐작했겠지만, 내면 가부장은 성평등에 그다지 관심이 없다. 앞에서 살펴본 바와 같이 그는 남녀 관계에서 여성이 어떻게 행동해야 하는지에 대해 확고한 의견을 갖고 있고, 나아가 남자의 행동 방식에 대해서도 아주 분명한 기준을 정하고 있다. 남성은 전통적인 남성이어야 하고, 기존의 남성 역할에 충실해야 한다. 힘 있고, 당당하고, 지배적이고, 이성적이며 궁극적으로 책임감이 있어야 한다. 남자는 남자답게 행동해야지 비실대서는 안 된다.

젠더 역할의 구분이 흐려지면서 남녀 모두 관계에서 혼란을 느낀다. 요즘 여성들은 대부분 어느 정도 감수성이 있고 감정을 공유할 수 있는 남성을 좋아한다. 자기 기분이 어떤지 알고, 그것을 표현하는 남성을 좋아한다. 깊은 감정을 나누고 영적인 수준에서 소통할 수 있다는 건 멋진 일이다. 남성이 자신의 아픔을 깊이 느끼고 눈물을 흘릴 수 있다면 그건 놀라운 일이다. 모두 바람직하고 좋은 일이지만, 여성의 내면 가부장은 남자다운 남자를 원한다. 감정을 깊이 느끼는 남자를 전혀 존중하지 않고 남자의 눈물을 견딜 수 없어 한다!

따라서 여성이 자기감정에 충실하고 세심한, 자신이 원했던 바로 그 남자를 실제로 만났을 때, 여성의 내면 가부장은 진저리를 친다. 남성이 고통을 느끼거나 무기력하거나 눈물을 보일 때 여성은 민망해한다. 여성은 충격을 받고, 그녀의 격려에 힘입어 자신의 감정을 인정하기 위해 부단히 노력했던 남성은 배신당했다고 느낀다. 오늘날 남녀 관계에 던지는 이런 이중 메시지의 출처는 바로 내면 가부장이다. 하지만 실제로는 진정한 이중 메시지가 아니다. 단지 서로 다른 두 자아가 동시에 작동하고 있는 것이다. 한 자아는 남자를 격려하고 받아들이는 사랑이 많은 여성이고, 다른 자아는 내면 가부장이다. 각 자아는 아주 분명한 메시지를 갖고 있다. 이 둘의 메시지가 서로 충돌하는 것이다!

폭력적인 남편과 이혼하지 못하는 이유

분명 내면 가부장은 남녀 관계를 촉진하기 위해 많은 일을 한다. 그는 최선을 다해 실효성 있는 조언을 한다. 결혼 생활에 실패하면 크게 비난한다. 대부분의 내면 가부장들은 이혼을 좀처럼 용서하지 않는다. 이혼한 여성들의 여러 내면 가부장과 대화를 나눈 적이 있다. 이혼한 지 25년이나 지났는데도 내면 가부장은 여전히 화가 나 있었다. "결혼이 실패로 끝나도록 내버려두다니, 절대 그녀를 용서하지 않을 거야!"라면서 말이다. 이런 내면 가부장은 심지어 결혼 생활이 폭력적이었거나 객관적 기준에서 잘 헤어진 이혼일 때조차 이런 방식으로 생각한다.

첫 결혼 생활이 짧았고 아이가 없는 경우에도 마찬가지였다. 재혼해서 아이를 낳고 행복하게 잘 사는 경우에도 그랬다.

한편, 일차적 관계에서 섹슈얼리티는 중요한 요소다. 하지만 섹슈얼리티에 대한 내면 가부장의 견해가 우리의 삶과 관계에 미치는 영향이 너무 크기 때문에 이번 논의에 포함시키지 않고 다음 장에서 집중적으로 다루겠다.

5장
내면 가부장과 섹슈얼리티

나는 베르사유처럼 아름다운 궁전에서 디오니소스의 춤을 멋지게 추는 꿈을 꾸었다. 행복하고 자유로웠다. 그때 고위직 남성들의 명령에 따르는 간호사들이 들어와서 나를 휠체어에 앉혔고, 나는 거기 앉아 있어야만 했다. 더 이상 춤을 출 수 없었다.

—클레어의 꿈에서

이 꿈은 크게 성공한 변호사인 클레어가 꾼 꿈인데, 내면 가부장이 강한 여성이라면 누구라도 꿀 수 있는 꿈이다. 여기서 다시 한 번 우리는 내면 가부장의 메시지를 전파하는 여성의 모습을 본다. 여기서 클레어를 휠체어에 앉히고 그녀의 여성적인 생동감과 섹슈얼리티를 억누르는 이는 남자 의사가 아니라 여성 간호사다.

내가 클레어의 내면 가부장에게 이 문제에 대해 물었을 때, 그는 클레어에게서 성적인 느낌이 풍기는 것을 원치 않으며, 자신의 섹슈얼리티를 통제하고 변호사가 되는 것이 그녀의 운명이라고 대답했다. 그는 그녀가 자신만의 길에서 벗어나지 않기를, 운명에 순응하기를 바랐다. 실제로 클레어의 내면 가부장은 클레어가 어린 소녀였을 때부터 그녀의 섹슈얼리티를 몹시 두려워했고 이를 약화시키기 위해 자신이 할 수 있는 모든 것을 했다.

여성의 성적 매력은 위험해

클레어의 내면 가부장에게는 섹슈얼리티를 통제해야 할 나름의 이유가 있었다. 그는 그녀의 운명에 대해 말했다. 그러나 그 저변에는 내면 가부장이 섹슈얼리티에 대해 느끼는 불편한 감정이 있었다. 그만 그런 것이 아니다. 내가 만난 대다수 내면 가부장이 여성의 섹슈얼리티를 극도로 불편해했다. 기본적으로 그들은 여성이 성적인 느낌을 주는 걸 원치 않는다. 물론 남성을 위한 것이라면 예외지만 말이다. 내면 가부장들은 여성의 섹슈얼리티를 불쾌하고 역겨운 것으로 보고, 좀 더 자세히 설명해달라고 요청하면 대부분 두렵다고 말한다. 그들은 종종 여성의 섹슈얼리티에 관해서라면 남성이 무기력한 희생자라고 생각한다.

여성이 성적인 뉘앙스를 풍기면 성인saint이 아닌 이상 남성은 참지 못하고 자동적으로 반응하게 된다(요즘은 성인이 드물다). 여성의 매력 앞에서 무력한 남성은 세월이 흘러도 변치 않는 주제다. 그리스 고전인 『오디세이』에서 이런 주제를 아름답게 묘사한 것을 볼 수 있다. 여성의 성적 매력을 위험하게 그리는 두 이야기가 있다. 첫 번째는 키르케의 이야기로, 이 아름다운 마녀는 율리시스의 부하들을 유혹해 식탁에서 밥을 먹도록 한 뒤 선원들을 모두 돼지로 둔갑시켰다. 두 번째는 지나가는 배의 선원들을 저항할 수 없는 노래로 유혹한 사이렌의 이야기다. 선원들이 노랫소리를 따라 항로를 바꿔 가다가 배가 숨겨진 바위에 충돌하게 되었고, 결국 타고 있던 이들이 모두 목숨을 잃었다. 여성의 섹슈얼리티는, 그녀가 부르는 유혹의 노래는, 참으로 강력하고 위험한 것이다!

하지만 대부분의 경우 내면 가부장들은 이런 종류의 위험을 지적하는 게 아니다. 내가 만난 내면 가부장 대부분은 여성의 섹슈얼리티에 대해 부정적으로 말하는 데 집중했다. 그들은 여성의 섹슈얼리티가(그게 제공하는 것 또한) 품위 없다고 목소리를 높인다. 그리고 다음과 같이 말했다.

- 여자의 성은 역겨워.
- 그 여자는 성적 느낌을 풍겨서 헤퍼 보여.
- 남자를 흥분시키는 게 아니라면 여자의 성이 뭔 소용이 있어.
- 남자를 흥분시켰으면 끝까지 책임지고 만족시켜줘야지.
- 남자가 좋아하는 걸 보니 여자가 성적으로 흥분된 게 틀림없어.
- 여자가 예쁘고 섹시하면 분명 멍청할 거야.
- 성적 학대를 자초한 건 그 여자야. 그 여자 잘못이지 뭐. 이제 그 여자는 영원히 더럽혀졌어.
- 성적인 느낌과 성욕 때문에 저 여자 우스꽝스러워 보여.
- 남자들은 어쩔 수 없어. 여자가 헤프게 굴면 남자들은 자연스럽게 성적으로 적극적으로 될 수밖에 없다고.

- 관계에서 섹스가 최우선이 아니라고 말하는 남자는 거짓말하는 거야. 그러니까 기억해. 남자를 성적으로 기쁘게 해줘야 하지만 넌 절대 즐겨서는 안 된다는 걸.
- 여자의 성욕은 남자의 정력을 완전히 소모시키지. 그래서 운동 선수들이 경기 전에 섹스를 안 하는 거야.
- 여성들은 컬트 집단의 지도자나 구루에게 성적 에너지를 제공해야만 해. 그게 여자들의 의무이자 영광이야.

내면 가부장, 다 똑같지는 않다

내면 가부장이라고 해서 천편일률적으로 똑같지는 않다. 그 점을 꼭 기억하자! 내면 가부장들 간에도 차이가 있고, 여성의 섹슈얼리티에 부정적 태도가 상대적으로 덜한 내면 가부장도 있다. 다른 분야에 대해서는 이보다 너그러운 내면 가부장 또한 있다. 그러나 앞서와 같은 견해는 분명 내면 가부장의 일반적인 가치관을 보여준다. 이들이 가진 견해의 많은 부분은 우리 문화에 너무도 깊숙이 내재돼 있기 때문에 아주 평범하고 합리적인 것처럼 보인다. 생리혈에 대한 혐오감을 예로 들어보자. 상처에서 피가 나는 것을 혐오스럽다고 보지는 않는다. 무섭거나 지저분하다고 할 수는 있지만, 역겹다고 하지는 않는다. 하지만 여성들 대부분은 생리혈을 부끄러워하거나 혐오스럽게 여긴다.

다니엘이 이 여성적 본질을 확인하는 행위에 관한 이야기를 꺼내놓자, 방 안에 모여 있던 여성들은 놀라움에 '헉' 하는 소리를 냈다. 다니엘은 항상 생리혈이 너무나도 창피했다고 말했다. 그녀의 어머니는 생리혈과 그녀의 섹슈얼리티가 역겨운 것이며 따라서 감춰야 하는 것이라고 가르쳤다. 나이가 들면서 다니엘은 자신을 좀 더 받아들이고 싶었다. 성적인 상처와 수치심을 치유하고 싶었다. 그녀는 다른 문화권에서 섹슈얼리티와 생리혈을 어떻게 다루는지 알게 되었다. 그리고 생리 기간 중 보름달이 뜬 밤, 숲으로 가서 자신의 생리혈이 땅으로 스며들게 하였다. 그녀는 자유롭고 온전하다고 느꼈다. 더 이상 수치스럽지 않았다.

방 안에 있던 여성들의 내면 가부장은 진저리를 치며 놀라움에 말문이 막혔다. 분명 '정치적으로 올바른' 반응은 아니었다. 아주 잠시 망설이다가, 우리는 주위를 둘러보고 방 안에 여자들만 있다는 사실을 확인한 다음 모두 안도하며 흥분했다. 방 안 가득 그러한 감정이 쌓여가던 어느 순간, 누군가 다니엘을 지지한다고 소리쳤다. 그러자 갑자기 모두가 신이 나서 손뼉을 치고 환희에 차 소리를 지르기 시작했다.

마치 다니엘이 우리 모두를 위해 중요한 무언가를 되찾은 것 같았다. 내가 느끼기로는, 방 안에 있던 여성들의 내면 가부장들이 이제껏 강력히 고수해왔던 여성의 섹슈얼리티에 대한 통제를 잠시나마 놓은 것 같았다. 마치 둔탁하고 익숙한 무게가 거둬진 것 같았고 엄청난 에너지가 몰려와 모두가 고무되었다. 남성들과 공유할 수 있고 파트너 관계에서 사용할 수 있는 거대한 에너지원이 우리에게 주어진 것 같았다. 평상시 내면 가부장이 전달하던 말, 즉 여성의 섹슈얼리티는 언제 터질지 모르는 시한폭탄 같다고 하는 등 여성을 남성보다 열등한 존재로 만드는 수치스러운 메시지를 들을 때와는 너무도 다른 기분이 들었다.

그녀는 왜 벨리 댄스를 즐기지 못했을까

수미는 내면 가부장에 관한 나의 강의가 끝난 후 대화를 나누러 왔다. 그녀는 17년 전 자신에게 무슨 일이 일어났는지 방금 깨달았다고 했다. 정말 이해할 수 없던 그 사건이 내가 묘사한 내면 가부장을 통해 설명되었다는 것이다. 이제는 그 사건을 완전히 이해할 수 있다고 했다. 그 사건은 내면 가부장이 그림자의 영역에서 벗어나 통제권을 쥐고 열성적으로 감정을 드러낸 사례였다.

당시에 수미는 황홀경을 통한 자기표현을 믿는 인도 구루를 따르고 있었다. 그녀는 그 집단에서 유명한 사람이 이끄는 집단 감수성 훈련 모임에 합류했다. 이들은 '치유의 방'에서 모였는데 다들 '렁히스lunghis'라 부르는 작은 천 조각만 몸에 두르고 있었다.

방 안에 있던 한 소녀가 성적인 몸짓을 시작했다. 모임 지도자의 주위에서 뱀처럼 몸을 비틀며 움직였다. 고양이처럼 가릉거리고 자신의 머리를 지도자의 무릎에 올려놓았다. 그 소녀는 이런 몸짓을 하는 내내 아주 즐거워 보였다. 지도자는 소녀의 머리카락을 쓰다듬었다.

수미는 점점 화가 치미는 것을 느꼈다. 화가 정점에 달했을 때 그녀는 벌떡 일어나 자신의 렁히스를 벗어 그 '뱀'을 완전히 덮어버렸다. 수미 자신은 완전히 알몸이 된 것이다. 수미는, 사람들 앞에서 옷 벗기를 극도로 불편해하는 자신이 그런 행동을 했다는 것에 놀랐다. 하지만 그 상황에서는 자신의 불편함보다 '뱀'의 노골적인 섹슈얼리티를 덮는 것이 더 중요했다. 17년이 지난 지금, 수미는 소녀의 성적인 몸짓을 용납하지 못한 것이 자신의 내면 가부장임을 깨달았다. 수미는 그의 지시를 따랐던 것이다. 클레어의 꿈속에 나타난 간호사들이 내면 가부장의 지시를 따랐던 것처럼.

이 육감적인 소녀가 수미의 외면당한 자아를 드러내고 있다는 걸 깨달은 지도자는 수미가 그녀만의 '뱀'을 되찾아야 한다고 설명했다. 그녀는 리더의 조언에 따라 벨리 댄스를 시작했다. 그녀는 서서히 동작을 즐기게 되었고, 춤을 추는 동안 뱀이 된 듯한 느낌이 몸을 타고 흐르게 두었다. 하지만 벨리 댄스를 아주 잘 추게 되고 심지어 댄스 교사가 되었는데도 자신을 진심으로 즐기지 못했다. 동작이 정확하고 보기도 좋았지만, 무의미한 기술에 불과했다. 태도를 바꾸려고 아무리 노력해봐도, 마음속 깊은 곳에서는 그게 옳지 않다는 느낌이 들었다.

이제 몇 년이 지나 그 모든 것이 분명해졌다. 수미의 행동은 바뀌었지만, 그녀의 내면 가부장은 변하지 않았던 것이다. 그는 여전히 그녀의 무의식에서 작용하며 줄곧 이건 수치스러운 거다, 여자가 이런 식으로 움직이면 안 된다고 훈계했다. 내가 만난 수많은 내면 가부장처럼, 수미의 내면 가부장은 여성의 섹슈얼리티를 용인할 수 없었다.

몇 달 후, 수미의 내면 가부장과 대화를 나눠볼 수 있었다. 그의 말을 들어보자.

시드라 수미가 벨리 댄스를 추는 게 마음에 안 드는 것 같아 보이네요. 어떤 생각이 드나요?

내면 가부장 수미의 몸짓이 정말 역겹고, 수미가 춤을 추는 게 싫습니다. 이제 그만했으면 좋겠어요. 나이도 너무 많고.

시드라 수미가 더 어렸을 때는 어땠나요?

내면 가부장 그때도 싫었지요. 몸가짐이 바른 여자라면 그렇게 행동하면 안 되지요. 너무 성적이지 않습니까. (끔찍한 냄새를 맡기라도 한 듯 코에 주름이 잡히도록 찡그리며 말한다.)

시드라 수미와 수미의 섹슈얼리티에 대한 당신의 생각을 말해주세요.

내면 가부장 솔직히 난 수미가 꼴 보기 싫고, 수미의 섹슈얼리티에 대해서는 말을 아낄수록 더 좋다고 생각합니다. 나는 수미의 몸이 혐오스럽고, 수미의 땀이나 냄새가 역겨워요. (몸통의 아랫부분을 가리키며) 수미의 '그곳'과 관련된 거라면 생각만 해도 속이 불편해져요. 그리고 말이 나왔으니 말인데, 난 수미가 섹스를 하고 싶어 한다는 것도 마음에 안 들어요. 창피한 줄 알아야 되는데, 다행히 알긴 알더라고요! 내 맘대로 할 수 있다면 걔는 순결을 지키며 살 겁니다. 나는 섹스에는 전혀 관심이 없는 여성들만 존경하거든요. 그게 훨씬 더 매력 있다고 생각해요. 나는 수미의 남편과 생각이 같아요. 섹스가 중요하지 않다고 생각하고, 수미가 남편을 가만 좀 내버려뒀으면 좋겠네요. 관심도 안 보이는 남편에게 다가가는 게 굴욕적이라고 생각해요. 내가 보기에는 수미가 창녀처럼 행동하고 있어요.

시드라 어떻게 창녀처럼 구나요?

내면 가부장 우선 수미는 섹스에 너무 적극적이에요. 그건 잘못된 겁니다. 남자가 먼저 다가가야지, 여자가 성욕을 느끼며 먼저 다가가는 건 참으로, 정말로 나쁜 겁니다.

옷도 창녀처럼 입어요. 나는 밝은 색깔, 부드러운 천, 흘러내리는 옷, 뭐 그런 주의를 끄는 건 무조건 싫습니다. 수미가 바지나 무난한 색깔의 옷이나 정장을 입었으면 좋겠어요. 남자처럼 말이지요. 머리도 짧고 평범하게 해야지, 도발적인 건 안 돼요. 누구 눈에도 띄지 않게 해야 해요. 수미가 성적인 인간이란 걸, 성욕이 있다는 걸 누구도 떠올려서는 안 됩니다.

시드라 그러니까 수미가 섹스와는 아무 상관없는 편이 더 낫다고 생각하는군요?

내면 가부장 그렇습니다.

시드라 수미가 남자였어도 그렇게 느낄까요? 섹스에 대해 생각하지 않는 편이 남성에게 더 나을 거라 생각하세요?

내면 가부장 남자는 다르죠. 남자는 섹스에 대해 생각할 수 있지요.

수미의 내면 가부장이 보여주는 강한 부정적 감정과 비판이 드문 것은 아니다. 그와 비슷한 발언을 자주 들었다. 굴욕감을 주는 내면 가부장의 말이 얼마나 수미에게 수치심을 유발했을지, 섹슈얼리티와 관능성을 즐기지 못하게 방해했을지 쉽게 알 수 있다. 수치심은 무수히 많은 여성에게 견디기 힘든 고통을 준다. 반대로 남성의 섹슈얼리티는 허용되고, 심지어는 장려되기까지 한다.

이쯤에서 여러분 각자의 내면 가부장이 섹슈얼리티에 대해 어떻게 말하는지 생각해보면 좋을 것 같다. 남성과 여성에 대한 이중 잣대를 확인해보자. 판단 대상이 여성이 아니라 남성일 때 내면 가부장이 어떻게 느끼는지 지켜보자. 내면 가부장이 남성의 섹슈얼리티에 대해 얼마나 다르게 반응하는지를 알아보는 과정은 참으로 흥미롭다.

사춘기 딸과 아버지의 두려움

수미의 경우처럼 내면 가부장 대부분은 여성과 남성의 섹슈얼리티를 다르게 본다. 그는 남성의 섹슈얼리티를 힘의 상징이라 여긴다. 남자는 성적일수록 정력이 세고, 나아가 더 남자답거나 힘이 있다고 인식된다. 반대로 성적 접촉을 원하는 여성의 욕구는 문제로 간주된다. 심한 굴욕감이 드는 것은 물론 온갖 문제를 일으킬 수 있다고 보는 것이다.

낸의 아버지는 강한 가부장 유형으로, 아들들이 사춘기에 접어들어 성적 관심을 보이기 시작하자 격려했다. 그건 아들이 이제 남자가 되었다는 걸 의미했다. 하지만 낸에게 보인 반응은 아주 달랐다. 낸은 사춘기가 되기 전까진 아버지와 각별히 친했다. 부녀는 모든 걸 함께 했다. 함께 농장에서 일했고, 아버지는 딸에게 몇 시간이고 이야기를 들려주는 것을 좋아했다.

낸의 매력이 꽃피기 시작하자, 아버지는 두려움을 느끼며 물러서기 시작했다. 그는 딸의 피어나는 섹슈얼리티에 대해 언급하며 자신은 그것을 혐오스럽게 생각한다고 딸에게 알렸다. 여성으로 꽃피는 딸에 대한 아버지의 격렬한 반감 때문에, 그리고 예상할 수 있겠지만 아버지 스스로가 자신의 딸에게 성적으로 반응하는 것을 두려워했기에, 낸은 자신의 성적인 감정을 완전히 부인하게 되었다. 낸의 내면 가부장은 아버지의 혐오감을 이식받아, 낸이 자신의 몸과 섹슈얼리티에 반감을 갖게 만들었다. 가장 안전한 방법은 그녀가 자신이 성적인 존재라는 걸 전적으로 부인하는 것이었다. 나이를 먹어가면서 그녀는 몸에서 즐거운 감각을 느낄 수 없게 되었다.

많은 세월이 지난 후 나는 그녀의 내면 가부장과 이야기를 나누었다. 처음에 낸은 자신이 여성이라는 걸 혹독하게 비판하는 내면 가부장의 목소리를 들었다. 하지만 이후 우리가 이 주제에 대해 자세히 얘기해보도록 격려하자, 내면 가부장은 그녀의 섹슈얼리티에 대한 자신의 공포를 알려주었다. 그리고 그녀가 행동을 통제하지 못할까 봐 겁난다고 했다. 내면 가부장은 통제되지 않은 섹슈얼리티가 그녀의 삶을 망칠까 봐 두려워했다. 심지어 그가 아버지로부터 그녀를 안전하게 지키기 위해 어떻게 그녀의 섹슈얼리티를 차단했는지도 알 수 있었다.

많은 여성이, 특히 아버지와 친했던 여성들이 사춘기에 접어들어 아버지와 멀어지는 경험을 한다. 일부는 낸의 아버지처럼 노골적으로 드러낸다. 그들은 딸의 섹슈얼리티를 용납할 수 없다고 딸에게 말한다. 내면 가부장이 쌍수를 들고 반길 말이다. 아버지가 말도 없이 갑자기 멀어진 경우, 딸들은 그 이유를 혼자 곰곰이 생각해봐야 한다. 많은 경우 딸들의 내면 가부장은 섹슈얼리티가 그 이유라는 걸 알아낸다.

물론 어머니는 피어나는 여성의 섹슈얼리티가 수반하는 진정한 위험에 대해 딸에게 가르쳐야 한다. 이때 어머니는 흔히 자신의 내면 가부장의 가르침이나 태도를 전달한다. 어머니가 이런 내용을 가르치지 않으면 딸은 자신의 섹슈얼리티에 대해 사회적으로 적절한 경계를 세우는 법을 알지 못한다. 그래서 위험한 상황에, 혹은 적어도 불쾌한 상황에 자신을 노출할 수 있다. 아울러 바깥 세계에 의해 검열당할 가능성 또한 상당히 높다. 이는 내면 가부장의 우려가 타당한 경우에 해당한다. 그러나 여성의 섹슈얼리티에 내포된 긍정적 측면을 인식함으로써 내면 가부장의 부정적 접근과 균형을 이루어야 한다.

우리 문화에는 '이중 잣대'가 여전히 존재한다. 이중 잣대는 남성과 여성의 성적 행동을 서로 다른 규칙이나 기준을 통해 판단하는 것을 의미한다. 내면 가부장은 자기 나름의 이중 잣대를 들이대며 딸들에게 경고한다. 안타깝게도 이런 태도 때문에 지속적으로 남자와 여자에게 다른 기준을 적용하게 되고, 따라서 여성은 계속 피해자가 된다.

남자의 발기는 여자가 책임져야

여성이 남성과 사귀다가 남성이 여성에게 적극적으로 구애할 경우, 여성의 내면 가부장은 죄책감을 느끼도록 만든다. 여자가 남자를 유혹했다고, 남자가 그렇게 끈질기게 구는 것은 어떤 식으로든 여자가 잘못했기 때문이라고 말한다. 그가 그녀의 신호를 잘못 읽었을 가능성은 전혀 고려하지 않는다. 기본적으로 내면 가부장은 남성의 발기에 대해 여성이 책임감을 느끼도록 만든다!

정반대로 만일 여성이 적극적으로 나오면 그녀의 내면 가부장과 주변 사람들은 그녀를 바보 취급한다. 남자가 먼저 치근덕거리며 작업을 건 것이라고 여성이 주장하면 사람들은 그녀가 단단히 착각한 거라고 할 것이다. 남성은 어떤 식으로든 그녀의 끌림이나 성적 관심에 책임이 없다. 아주 부정적인 경우 그녀의 내면 가부장은 외부의 가부장들과 마찬가지로 이런 행동을 두고 그녀를 조롱할 것이다.

심리치료에서 전이/역전이 상황을 다루는 것도 비슷하다. 여성 환자가 남성 치료사에게 반해서 성적인 관계를 갈망한다면 정상적인 행동으로 취급된다. 그저 모든 환자들이 경험하는 치료의 한 단계일 뿐이다. 예상한 바이고, 어쩌면 다소 재미있어할 수도 있다. 내면 가부장은 웃으며 지켜본다. "여자들은 치료받을 때 다 그래. 치료사와 사랑에 빠지지. 다들 그래."

하지만 남성 환자가 여성 치료사에게 반해서 성적인 관계를 갈망할 경우, 여성 치료사가 뭔가 유혹하는 행동을 한 게 아닌지 의심하는 눈초리가 뒤따른다. 환자들이 흔히 경험하는 치료의 한 단계로 보지 않는다. 자연스럽게 일어나는 과정으로 받아들이지 않는다. 내면 가부장은 '치료사가 대체 무슨 짓을 했기에 이런 성적인 감정을, 강한 성적 전이를 유발했지?'라고 생각한다.

성적 에너지를 내뿜는 것보단 청순한 게 낫지

앞의 예시를 통해, 여성의 내면 가부장이 여성의 섹슈얼리티에 대해 취하는 태도가 우리 문화에 일반적으로 존재하는 부정적 태도를 옹호하는 방식임을 알 수 있다. 다음은 재닛의 내면 가부장과 나눈 대화를 발췌한 것이다. 그는 자신을 잘 드러냈는데, 이 대화를 통해 어떻게 앞서와 같은 옹호가 일어나는지 알 수 있었다.

재닛의 내면 가부장 재닛의 섹슈얼리티 얘기를 좀 하고 싶네요. 한마디로 재닛은 헤퍼요. 차라리 재닛이 남자와 세상 모든 사람에게 연약한 어린아이같이 보였으면 좋겠어요. 그렇게 (성적) 에너지를 내뿜는 것보단 그게 나아요. 지금 상태는 더럽고, 위험해요. 성적 에너지 때문에 재닛이 걱정돼요. 기본적으로 잘나가는 사람이라면 존중하지 않을 그런 거잖아요. 재닛이랑 자는 남자들조차 말이에요. 재닛의 아버지가 그런 걸 하는 사람은 누구든 난잡한 인간이라고 말했는데, 그 말에 동의해요. 여성 성기는 징그러워요. 나한테는 정말 말이 안 되는 거라고요. 그러니까, 남성의 성기는 당신도 알지만 어떻게 생겼는지 눈앞에 보이잖아요. 근데 여성 성기는…… 아주 혼란스럽고 난 그게 남성들한테 하는 짓이 마음에 안 들어요. 여자는 다리를 꼬고 앉아야 한다고 생각해요. 다리를 벌리면 남자들이 미쳐버리니까. 그 에너지를 억제하는 건 여성의 책임이라고 봐요. 나는 여성을 제단에 세우지 않는 종교에 완전히 동의해요. 여자들이 남자들을 산만하게 만들 거니까요.
여자가 섹슈얼리티를 조금이라도 드러낸다면 어린 소녀처럼 해야지요. 그건 괜찮아요. 아빠랑 놀 수도 있고, 남자랑 시시덕거릴 수도 있지만, 나는 재닛이 느낄 수 있는 그런 강한 감정은 싫어요. 혼란스럽고 뭘 어떻게 해야 할지 모르겠거든요. 재닛이 그걸 완전히 억눌러버리는 게 최선이라고 생각해요.

타인의 판단에 개의치 않는 힘은 어디서 오는가

재닛의 내면 가부장은 그녀의 섹슈얼리티에 대해 아주 비판적이다. 그는 여성의 섹슈얼리티 전반에 대해, 특히 재닛의 섹슈얼리티에 대해 부정적으로 생각하는 사람과 집단이라면 누구든 기꺼이 동의할 준비가 되어 있다. 이런 태도 때문에 섹슈얼리티라는 주제가 나오기만 하면 재닛은 희생자가 된다. 여성의 내면 가부장이 외부 세계의 비판에 동의하지 않았다면, 그녀는 타인의 판단에 의한 희생자가 되지 않았을 것이다.

예를 들어, 나의 내면 가부장은 제대로 된 여성이라면 몸을 가리고 다녀야 한다는 규칙을 만들어두지 않았다. 누군가 나에게 너무 자극적이지 않게 옷 좀 입고 다니라고 하더라도 나는 감정적으로 영향을 받지 않을 것이고, 수치스럽지도 않을 것이다. 나는 그런 말의 가치를 객관적으로 고려할 수 있다. 이슬람 국가를 방문한다면 몸을 가릴 수도 있을 것이다. 좀 더 편하기 위해, 그리고 의도치 않은 관심을 끌지 않기 위해서 말이다. 이렇게 방문하는 곳의 관습을 존중하곤 했지만, 그렇게 하지 않았다고 해도 스스로가 사악하거나 더럽다고 느끼지 않았을 것이다. 나는 외부의 명령에 자동적으로 동의하지 않을 것이다. 나의 내면 가부장이 이런 명령과 일치하는 말을 내 귀에 속삭이지 않기 때문이다. 그는 내가 진정한 여자라면 몸을 가리고 싶어 할 거라는 식의 말을 한 번도 한 적이 없다.

나 자신의 내면 가부장이 이런 명령에 신경을 쓰지 않기 때문에, 나는 그런 말에 특별히 화를 내지도, 반항하지도 않는다. 나는 감정적이 아니라 객관적일 것이다. 나의 내면 가부장은 내 옷을 그런 식으로 바라보도록 교육받은 적이 없고, 그래서 나는 그런 말에 맞서 싸울 필요가 없다. 나는 수치심을 느끼지 않고, 따라서 외부의 가부장적 요구로부터 나를 방어할 필요도 없다.

내면 가부장은 이런 방식으로 그림자에서 작동한다. 우리는 흔히 외부에서 비판을 받아서 기분이 나빠진다고 짐작한다. 외부의 비판을 듣고 우리의 섹슈얼리티를 부끄러워하는 거라고 생각하는 것이다. 하지만 재닛의 경우처럼 내면 가부장이 외부의 가부장에 동의할 때에만 마음이 상한다.

삶을 관능적으로 즐길 권리

내면 가부장은 섹슈얼리티와 관능성을 구별하지 않는다. 이 둘을 구분하지 못하고 똑같이 두려워한다. 그래서 여성들이 자신의 섹슈얼리티는 물론 관능성도 경험하지 못하게 하려고 애쓴다. 수미의 내면 가부장과, 그녀가 모임에서 소녀의 뱀 같은 관능적인 움직임을 접했을 때 보인 반응에서 이런 점이 특히 뚜렷하게 나타났다. 소녀는 자신의 관능성을 마음껏 즐기고 있었을 뿐, 성적인 것은 아니었다.

여성이 혼자 혹은 다른 사람이나 주변 환경과 더불어 관능적으로 즐길 때, 내면 가부장은 이를 수상쩍게 여기면서 경고음을 울린다. 여성이 자유롭게 춤을 추거나, 아름답고 부드러운 옷을 입거나, 즐거워지려고 자신을 아름답게 꾸미면, 그는 비판적 태도를 보인다. 이런 행동이 마치 성적인 도발이라도 되는 듯 반응한다.

내면 가부장은 여성이 기분 좋게 몸의 감각을 느낄 때, 풍경과 향과 소리를 느긋이 즐길 때 (꼭 성적인 것이 아니더라도) 비판적 태도를 취한다. 그는 어떤 관능적인 경험이든 바로 섹스와 연결하고, 용인할 수 없는 것으로 묵살해버린다. 여성으로서 관능성과 섹슈얼리티의 차이를 인식해 내면 가부장에게 명확하게 밝히고, 더불어 삶을 관능적으로 즐길 권리를 되찾는 것이 중요하다.

취해야 할 것과 버려야 할 것

우리가 행동, 힘, 관능성, 섹슈얼리티 등에 대해 진정한 선택을 하지 못하도록 막는 주된 힘은 우리의 내면 가부장이다. 내면 가부장은 우리를 무비판적인 딸로 만들고, 이제는 몰락해가는 시대의 가부장적 칙령을 고수하도록(혹은 그에 반항하도록) 한다. 변화를 향해 나아갈 때 우리는 내면 가부장의 목소리를 듣고 그의 제안을 숙고할 필요가 있다. 그 목소리를 무조건 묵살해서도 안 되고, 자동적으로 따라서도 안 된다. 다음 장에서 살펴보겠지만, 내면 가부장의 목소리에는 수천 년간 경험으로 쌓아온 특정한 지혜가 담겨 있다. 하지만 내면 가부장이 탄생한 세상은 지금 우리가 사는 세상과는 다르다. 뒷부분에서 언급하겠지만, 우리는 내면 가부장의 지혜와 강인함을 통합하여 우리 자신의 긍정적인 면으로 만들어야 한다.

6장

감성과 감정 통제

그녀는 규범과 체제라는 가부장제의 유산을, 삶의 터전이자 무한히 변
화하는 우주의 일부인 창의성, 혼돈, 움직임 등과 조화시키려 도전하
고 있다. 이는 향후 우리 모두가 마주할 도전이기도 하다.

내면 가부장은 여성의 감성적인 면에 대해 양가감정을 품고 있다.
내면 가부장은 남성적인 것의 기본이라고 보는 이성과 자기 통제에
가치를 둔다. 한편 여성의 기본 특성이라 여기는 감성, 집중력 부족,
직관에 대한 의존을 두려워한다. 여자는 여자다워야 한다고 생각하
고, 감성을 여자다움의 일부로 본다. 그러면서도 여성의 이런 면을
못마땅하게 여긴다.

　내면 가부장은 여자가 진정한 여자이기 위해서는 감정적이어야
한다고 요구하면서도 다음과 같이 말한다.

- 여자는 너무 감정적이고 늘 과민하게 반응해.
- 여자는 정말 이해할 수가 없는 존재야. 난 이성적으로 생각하거든. 근데 여자들은 명쾌하게 생각할 줄을 몰라.
- 남자들이랑 있는 게 더 안전해. 남자들은 필요할 때 상황을 분명히 판단하고, 그래서 의지할 수가 있어. 여자들은 현명한 선택을 못 하잖아.

내면 가부장은 한 목소리로 여성의 감성적인 면을 맹렬히 비난하고 여성은 객관적이 될 필요가 있다고 강조한다. 그는 여성이 객관적이지 못한 탓에 안전하지 않다고 확신하면서도 냉철한 객관성은 여성답지 않다고 여긴다. 내가 만난 내면 가부장들은 여성이 다른 사람에게 냉담하거나 따뜻한 대인관계를 피하는 것을 원하지 않았다. 그들은 기본적으로 여자들이 다른 사람의 요구와 감정에 호응하기를 바란다. 이는 내면 가부장이 생각하는 관계의 규칙 중 하나다. 그렇다. 뮤지컬 〈왕과 나The King and I〉에서 왕이 노래했듯이 "혼란스럽다!"[7] 이 혼란을 해결할 수 있는 방안은 4부에서 논의할 것이다. 하지만 먼저 혼란 혹은 갈등의 정체가 무엇인지 살펴보자.

여성이 감정적이기를 바라면서도 그 때문에 객관성과 통제력이 부족해질까 봐 두려워하는 내면 가부장의 갈등에서 상당한 혼돈이 발생한다. 통제 부족이나 경계선 상실과 같은 상황에 대해 내면 가부장이 갖는 두려움을 자세히 살펴보면서 이 혼돈을 파악해보자.

내 비행기를 내가 조종할 수 없을 때

다음 꿈은 내면 가부장이 가장 두려워하는 면을 보여준다.

내가 조종하는 비행기가 추락하고 있다. 나는 이 상황을 책임져야 하는 사람인데도 객실에 있는 승객들을 바라보고 있다. 남편과 아이들과 친구들이 보인다. 내 에너지는 모두 그들을 향해 있다. 나는 그들을 바라보며 말을 건다. 그들이 겁에 질리지는 않았는지, 불편하지는 않은지 걱정이다. 비행기가 추락하면 그들이 나에 대해 어떻게 생각할지, 나를 못마땅해하지는 않을지 걱정된다.

그들이 나를 도와줬으면 좋겠지만, 그럴 수 없다는 사실을 안다. 내가 조종사이고, 다른 누구도 이 비행기를 몰 수 없다.

여기서 내면 가부장은 과도하게 감성적이거나 과하게 타인에게 마음을 쓰는 게 위험할 수 있다는 걸 안다. 이 꿈의 주인은 자신의 감정에 지배받고 있다. 아울러 그녀와 타인 사이에는 경계가 없다. 그녀는 비행기를(삶을 관통하는 자신의 움직임을) 통제할 수 없다. 객관적이지 못하고, 눈앞의 일을 처리하지 못하기 때문이다.

진퇴양난의 시나리오

내면 가부장은 자신과 다른 사람들의 삶을 세세하게 통제하는 건 전혀 여성적이지 않다고 믿으며, 여성이 그런 욕구를 가지면 하찮게 여긴다. 반면 남성의 그러한 욕구는 높게 평가한다. 그는 남자가 자기 자신이나 다른 사람을 통제하는 능력을 잃어버리면 쓸모없다고 생각한다. 성적 매력을 잃어버린 나이 든 여성이 쓸모없다고 생각하는 것과 마찬가지다.

다른 사람을 통제할 필요가 있다고 느낄 때, 여성은 대개 이를 감추려 한다. 이는 일하는 여성들에게서 가장 흔히 볼 수 있다. 그들은 자신이 진지하게 받아들여지기를 원하거나 타인이 자신의 통제 욕구를 존중해주기를 갈망할 때 스스로를 비웃는다.

50대 초반의 지니는 매우 여성스러웠다. 그녀는 페미니스트 운동 이전에 성인이 되었고, 자녀들을 길렀다. 그녀는 좋은 아내였다. 남편이 경제관념이 희박했기 때문에 부기를 배워 남편 회사의 회계 업무를 맡았다. 그녀는 순종적이고 부차적인 위치에 있었음에도 부부의 인생에 질서와 규율을 부여할 수 있었다. 결혼이 파경을 맞은 후, 그녀는 대기업의 관리자가 되었다. 순전히 독학으로 이룬 결과였다.

그녀는 집중하고, 절제하며, 적정 가격을 정하고, 채무를 받아내고, 자금의 흐름을 통제하는 등 전통적으로 남성의 능력으로 간주되는 능력을 최대한 발휘했다. 하지만 이 모든 일을 남성의 방패 아래 수행했다. 남성에게 고용된 피고용인으로서 모든 일을 아주 성공적으로 수행한 것이다.

그런데 몇 년 뒤, 지니는 자신의 사업에서 이 능력을 발휘할 수가 없었다. 그러다 자신이 이 일을 할 수 있었다는 것을 마침내 기억해냈고, 다시 시작할 수 있었다. 그녀가 자기 자신을 위해 일을 하자 그녀의 내면 가부장이 반기를 들었다. 그래서 그녀는 남들에게 말할 때 변명하듯 웃으며 '회계사 바버라'가 자신의 돈 문제를 관리한다고 말했다. 그녀는 자신을 지지해주는 참으로 강력한 에너지를 스스로 얼마나 홀대했는지를 깨달았다. 그리고 이것을 유산의 일부라고 여겼다. 할아버지에게서 아버지로, 그리고 자신에게로 전해져 내려온 특성으로 바라본 것이다. 그녀는 이런 특성을 자신의 남성적인 자아로 수용했고, 더는 변명하지 않았다. 비로소 모든 힘을 자유롭게 쓸 수 있었다.

지니의 내면 가부장은 그녀를 무력하게 만들었다. 그녀가 지닌 유산 중 아주 중요한 부분을, 즉 가부장제 사회에서 전통적으로 남성적인 것으로 받아들여진 힘을 박탈했다. 그녀 내면에서 자신이 물려받은 남성적 특성을 찾으려는 움직임이 일어났다. 외부에 있는 어떤 남성도 그녀 내면의 남성이 부인한 이 힘을 그녀에게 줄 수 없다! 마침내 그녀가 이 힘을 편안하고 의식적으로 받아들이게 되었을 때, 지니의 내면 가부장은 그녀가 자신의 여성성을 잃어버리지 않는 모습을 보고 기뻐했다. 그는 이제 그녀를 비판하지 않고 지지하기 시작했으며, 그녀가 세상에서 성공하는 데 필요한 좀 더 많은 권위와 자신감을 주려고 에너지를 쏟아 부었다.

자기 절제에 대한 이중 잣대

내면 가부장이 지닌 이중 잣대는 여성의 성적 지향과 상관없이 모든 여성에게 비슷하게 작동한다. 나는 동성애자, 양성애자, 이성애자 여성들의 내면 가부장에게서 똑같은 말을 들어왔다. 버깃의 내면 가부장이 그녀에 대해 어떻게 생각하는지 살펴보자.

버깃은 결혼한 지 몇 년 된 여성으로, 사랑하는 딸을 하나 두었다.

그녀는 남편을 사랑했지만 둘 사이의 성적인 열정은 결혼 초기에 이미 식어버렸다. 지난 몇 년 동안 버깃은 다른 여성과 열정적으로 사랑하는 사이였다.

결혼 생활을 끝내고 연인과 함께 살기를 그 무엇보다 원했지만, 버깃은 자신의 욕구를 조절하고 자신을 규제했다. 이 선택이 남편과 아이를 엉망으로 만들 거라 느꼈고, 그들에게 어떤 해도 끼치고 싶지 않았다. 하지만 그녀 내면에는 이 결정에 맹렬히 분노하는 목소리가 존재했다. 이 자아와 이야기를 나눴을 때, 나는 그 목소리가 그녀의 내면 가부장임을 알 수 있었다. 나는 그녀의 내면 가부장과 함께 그녀의 딜레마에 대해 대화를 나눴다.

버깃의 내면 가부장은 그녀가 다른 여성과 성적 관계를 맺고 있는 것을 끔찍이 싫어했는데, 이런 반감은 무의식의 수준에서만 표현되어 의식 수준에서는 고통과 죄책감을 유발했다. 그는 버깃의 섹슈얼리티가 그녀의 삶을 지배하고 가족은 물론 연인까지 망치게 될 것 같아서 몹시 화가 난다고 말했다. 내가 버깃이 얼마나 조심성 있고 믿을 만한 사람인지 짚어냈는데도, 그는 그녀가 결혼 생활 동안 책임감을 갖고 했던 모든 행동을 오만하게 무시했다. 가정의 안정을 위해 그녀가 재정적, 정서적으로 남다른 기여를 했음에도 전혀 점수를 주지 않았다. 내가 이 부분에 대해 묻자, 버깃이 남자라면 전문성과 재정적 성공을 존경했겠지만, 여자니까 그 어떤 칭찬도 받을 자격이 없다고 했다. 내면 가부장의 판단에 반하는 증거가 많이 있는데도 그는 여전히 버깃이 기본적으로 감정에 따라 움직이는 통제 불능인 인간이라고 생각했다.

다음으로 나는 버깃의 내면 가부장에게, 가족의 안녕을 위해 그녀가 자신의 욕구를 희생한 점에 대해 어떻게 생각하는지 물었다. 버깃은 가정에 방해가 되지 않도록 불륜을 줄곧 비밀로 유지했다. 내면 가부장은 그녀에게 격분해 있었다. 그는 그녀가 기만적이라고, 참 여자다운 짓거리를 한다고 지적했다. 그는 그녀가 자신의 감정에 솔직하고 모든 것을 털어놔야 한다고 여겼다. 나는 그에게 그렇게 할 경우 무슨 일이 일어날 것 같은지 물었다. 그는 모든 사람이 큰 상처를 받을 것이고 가정에 심각한 문제가 생길 수 있다고 인정했지만, 버깃이 할 수 있는 정직한 행동은 가정을 깨고 연인과 함께 사는 것뿐이라고 했다. 하지만 버깃이 그의 요구를 따르면 가족에게 엄청난 타격을 줄 것이고, 그녀가 통제 불능이고 극도로 이기적인 사람임이 증명될 것이다.

나는 이 시나리오를 뒤집어보았다. 남성이 비슷한 상황에 있다면 무슨 말을 할 거냐고, 남성이 사랑하는 여성과 불륜 관계를 유지하고 있다면 뭐라고 할 거냐고 버깃의 내면 가부장에게 물었다. 이 남자가 버깃처럼 여자친구와의 만남을 일주일에 한 번, 오후에만 만나는 것으로 제한한다면? 나는 내면 가부장에게 "만일 이 남자가 아내를 속상하게 하지 않고 문제를 일으키지 않기 위해 자신의 연애에 대해 말하지 않는다면, 자신의 고통과 갈등을 혼자만 간직한다면 뭐라고 할 건가요?"라고 물었다. 내면 가부장은 만족한 기색을 드러내며 말했다. "그게 바로 내가 존경할 만한 남자이지요. 여자친구와 많은 시간을 보내지 않으면서 자신을 희생하고 있지 않습니까. 그녀와 함께 살겠다고 이기적으로 가정을 깨지도 않고. 책임감 있게 행동하면서 가정을 지키기 위해 고통과 긴장을 혼자 담아두고. 정말이지 좋은 남자네요." 그는 통제되지 않은 감정이라든가 억제되지 않은 위험한 섹슈얼리티, 부정직함 같은 건 언급하지 않았다.

내면 가부장의 이중 잣대와 관련해 이와 비슷한 예는 흔히 찾아볼 수 있다. 남자와 여자에 대한 그의 요구 사항은 다르다. 특히 감정과 감정 통제에 관한 이런 이중 잣대를 보며 여성들은 크나큰 혼란과 속상함을 느낄 수 있다. 이 부분을 조금 더 살펴보자.

누가 여성 예술가의 창의성을 가로막는가

내면 가부장은 창의성과 관련된 강렬한 감정에 대해서 여성과 남성에게 다른 규칙을 적용한다. 그가 섹슈얼리티와 힘에 들이대는 이중 잣대와 아주 비슷하다. 남성이 강렬하고 정서적이고 힘 있는 예술 작품을 창조해내는 건 괜찮지만, 여성이 그렇게 하면 부적절한 행동이 된다. 내면 가부장은 여성 작가, 화가, 음악가가 열정을 누그러뜨리고 정제한 뒤에야 세상에 작품을 내보이기를 원한다. 페넬로페의 내면 가부장이 이런 측면을 훌륭하게 대변한다.

페넬로페는 아주 매력적이고 부드러우며 여성스러운 사람으로, 자신의 어머니처럼 성공한 예술가의 길을 걷고 있었다. 늘 예술가로서 생계를 꾸려왔고, 당시 한창 새로운 스타일로 진화하는 중이었다. 하지만 무언가 그녀를 막고 앞으로 나아가지 못하도록 방해했다. 우리는 그녀의 내면 가부장이 장애물이라는 걸 알게 되었다. 페넬로페의 내면 가부장은 통제력을 잃게 될지도 모르는 그녀의 강렬함과 감성적인 면이 두렵다고 언급했다. 내면 가부장이 염려하는 바를 그대로 옮겨본다.

시드라 페넬로페의 새로운 작업에 반대하시는 것 같군요.

내면 가부장 반대하고말고요! 아주 터무니없거든요. 색채는 강렬하기 짝이 없고, 내용은 충격적이에요. 자기 집에 걸고 싶은 그런 작품이 아니라니까요. 너무 강하고 자극적이에요. 전부 다 강하기만 해요.

난 페넬로페가 그렇게 강렬한 감정을 느끼지 않았으면 합니다. 그런 감정을 느끼는 걸 다른 사람들이 알게 되는 건 더더욱 안 될 일이죠.

시드라 원치 않으신다고요. 이유가 뭐죠?

내면 가부장 당연히 원치 않지요. 이봐요(몹시 화가 난 목소리로), 난 걔가 남자를 만났으면 좋겠어요. 페넬로페의 삶에 남자가 있는 게 나한테는 아주 중요해. 자, 한번 생각해봅시다. 생각해보자고요. 어떤 남자가 이런 걸 그리는 여자를 좋아하겠습니까? (경멸하는 어조로 말하며 작품을 가리킨다.)

이렇게나 강렬한 감정을 가진 여자를 사랑하는 남자에 대해 당신은 어떻게 생각합니까? 이런 걸 참을 수 있는 남자를 어찌어찌해서 만난다고 해도 좀 이상한 남자일 것 같지 않나요?

시드라 이 문제에 관해 상당히 마음이 상했군요. 그렇죠?

내면 가부장 당연하죠. 너무 세잖아요. 뭔가를 너무 크게 선언하는 것 같잖아요. 좀 돌려서 부드럽게 표현해야 맞지요. 이건 여자답지가 않습니다. 여자라면 이런 이미지들을 떠올려서는 안 되고, 설령 떠올린다고 해도 혼자만 생각해야지요. 페넬로페가 창피하고, 사람들이 얼마나 끔찍하게 생각할지도 걱정됩니다. 페넬로페의 다른 작업을 보지 않았습니까.(섬세하고 흐르는 듯하며 아주 세밀한 작품.) 여자라면 그래야지요. 게다가, 진짜 예술가는 이렇게 그리지 않아요.

시드라 하지만 독일 표현주의 화가들이 이런 작업을 했었지요.

내면 가부장 그래요, 그렇게 하긴 했지요. 하지만 남자들이 했던 거 아닙니까.

시드라 페넬로페가 남자였다면 이 작업에 대해 어떻게 느낄 것 같아요? 남자도 이런 그림을 숨겨야 할까요?

내면 가부장 당연히 아니지요! (열광적으로) 남자 화가라면 당연히 전시하라고 말할 겁니다. 분명 잘 팔릴 거예요. 이건 정말 굉장히 강력하거든요. 남자라면 이런 작업으로 많은 돈을 벌 수 있을 거야.

시드라 페넬로페가 어떻게 하면 이 새로운 스타일을 좀 더 좋게 받아들이시겠어요?

내면 가부장 예전 스타일과 결합한 작품을 만들었으면 하죠. 당신에게 보여준 섬세하고 정교한 작품과 강렬함을 결합한 뭔가를 만들어내야지요. 두 가지를 결합할 수 있다면 그건 괜찮을 것 같아요. 그러면 사람들은 그렇게 충격받지 않을 테고, 페넬로페도 정상적이고 여성스러워 보일 테니까요!

여기서 우리는 내면 가부장이 일부 영역을 남성만의 영역으로 선언하여 여성을 배제함으로써 여성의 창의성을 심각하게 제한하는 모습을 볼 수 있다. 이 사례에서는 내면 가부장에게 무엇을 염려하는지 직접 물어봄으로써 페넬로페에게 현 상황에 대한 새로운 시각을 제시했다. 그녀는 내면 가부장이 지닌 이분법적인 사고를 넘어 한 걸음 더 나아갈 수 있었다.

내면 가부장이 한 말에 대해 생각해보면서 페넬로페는 자신도 이전 작업을 어느 정도 즐겼고, 원래 스타일의 절도와 우아함을 완전히 버리고 싶어 하지 않는다는 걸 깨달았다. 하지만 이제는 거기에 열정이 주는 흥분을 더해야 할 때였다. 그녀는 절제된 형태와 표현주의적인 열정이라는 상반된 요소를 통합하는 작업을 해보기로 했다. 어떤 면에서 그녀는 규범과 체제라는 가부장제의 유산을, 삶의 터전이자 무한히 변화하는 우주의 일부인 창의성, 혼돈, 움직임 등과 조화시키려 도전하고 있다. 이는 향후 우리 모두가 마주할 도전이기도 하다.

3부

우리가
내면 가부장을
다뤄온 방식

7장

착한 딸도 나쁜 딸도 아닌
매혹적인 유형의 등장

어린 소녀가 있었지. 이마 한가운데 곱슬머리가 나 있는. 소녀는 착할
땐 아주아주 착했지만 나쁠 땐 끔찍할 정도였다네.

— 어느 자장가

많은 이들의 귀에 익숙한 오래된 동요다. 나도 자랄 때 이 노래를 들
었고, 생각하면 얼굴이 붉어지지만 내 딸들에게도 들려주었다. 이
노래가 내면 가부장의 명령을 전하고 있다고는 전혀 생각하지 못했
다! 착한 행동이 '소녀들'에게만 해당하는 거라고는 생각하지 않았지
만, 같은 운율에 '소년들'로 바꿔 아들에게 불러줄 생각 또한 하지 못
했다. 내면 가부장은 우리가 숨 쉬고 있는 공기와도 같아서 그 존재를 알아차리
기 어렵다.

나는 지난 세월 동안 우리 여성들이 내면 가부장을 다루는 다양한

방법을 학습해왔다는 걸 알게 되었다. 앞서 말했듯이, 내면 가부장은 우리 내면에 존재하는 아버지와도 같고, 우리는 그에게 각자 다르게 반응한다. 최근까지 이런 반응에는 크게 두 가지 유형이 있었다. 내면 가부장의 명령에 착한 딸로 반응하며 '굿 걸good girl' 역할을 하는 여성들이 있다. 반면 내면의 아버지에게 저항하여 반항하는 딸이나 '배드 걸bad girl'의 삶을 살아가는 여성들도 있다.

굿 걸/배드 걸 역할은 한 여성 그룹의 실험에서 매우 잘 드러났다. 이 그룹은 내면 가부장이 여성들에게 남성을 존중하길 기대한다는 걸 알았다. 남자들이 자신에게 다가올 때, 말 그대로 한 걸음 옆으로 비켜서기를 바란 것이다. 이 여성들은 길을 걸어가다 맞은편에서 남자가 다가오는 걸 봐도 옆으로 비켜서지 않기로 약속했다. 하지만 막상 그 순간이 왔을 때 그들은 가던 길을 계속 갈 수 없었다. 이들 대부분은 불편한 마음에 옆으로 비켜서는 고분고분한 딸이 되었다. 극소수의 여성들만 비켜서지 않았는데, 그들은 화를 내며 반항적으로 되었다. 그들이 내면 가부장의 기대에 저항할 힘을 찾는 유일한 길은 분노하며 싸우는 것이었다. 결국, 자신이 비켜서지 않을 자격이 있다고 전적으로 확신하며 편안한 마음으로 가던 길을 계속 간 여성은 단 한 명도 없었다!

페미니스트 의식이 부상한 이래, 나는 '착한 딸'도 '나쁜 딸'도 아닌 대단히 매혹적인 새 유형의 등장에 주목해왔다. 내면 가부장의 규칙과 권고와 판단의 대상이 되는 영역에서 벗어나는 여성들이 점점 늘고 있다.

착한 딸은 게임의 규칙을 안다

전통적으로 '착한 딸'은 외부 가부장제의 규범과 기대를 알고, 생존을 위해 내면 가부장의 목소리에 훌륭하게 적응한다. 그녀는 내면 가부장의 규칙에 귀를 기울이고 그에 따라 행동한다. 자신과 주변 남자들에게 문제를 일으키지 않으며 남자들의 세상에서 살아가는 법을 안다. 개인적으로나 직업적으로 성공하더라도 그녀는 이를 '적절한' 방식으로 실천한다.

마니는 전형적인 '착한 딸'이었다. 학교에서 공부도 열심히 하고 모든 규칙을 지켰다. 우등생으로 성적이 좋고 숙제도 잘 했다. 하지만 마니는 자신의 이미지에 대해 조심스러웠고, 수업 시간에 남자가 있으면 절대 목소리를 크게 내지 않았다. 마니의 어머니는 마니가 어렸을 때 자신의 내면 가부장이 세운 규칙들을 마니에게 일러주며 남자들이 주변에 있을 때 너무 똑똑하면 안 된다고 가르쳤다. 남자들의 기분이 상할 수 있다는 이유에서였다. 전문성이나 힘이나 지성으로 절대 남자를 불편하게 만들어서는 안 됐다. 그건 그냥 하면 안 되는 일이었다.

마니는 진심으로 좋은 사람이 되고 싶었고, 어머니를 기쁘게 해주고 싶었다. 또한 다른 사람들에게 받아들여지길 원했고, 언젠가 결혼을 하고자 했다. 그녀는 많은 성공한 여성이 독신인 걸 보았고 자신은 그러고 싶지 않았다. 어머니는 결혼을 했으니 분명 어떻게 하면 남자에게 매력적으로 보이는지 알고 있을 터였다. 그래서 마니는 어머니의 가르침에 귀를 기울였고 지성이나 힘을 드러내지 않도록 극도로 조심했다. 청소년기에 접어들었을 즈음, 마니는 더 이상 가르침이 필요 없었다. 마니의 내면 가부장은 규칙을 잘 알았고, 마니가 착한 딸 영역을 벗어나 너무 많은 관심이나 힘, 또는 존경을 원한다 싶으면 자동으로 그녀의 고삐를 죄었다.

실제로 마니의 내면 가부장은 어떻게 남자들을 '다루는지' 알았다. 그는 어떻게 하면 굿 걸이 될 수 있는지, 어떻게 조절하는지 가르쳤고 온갖 '여자다운 술책'을 지도했다. 그는 남자들이 어떻게 느끼는지, 그들이 무엇을 기대하는지 말해주었고 그녀는 그에 따라 행동했다. 마니는 게임의 규칙을 알았고 그것을 따랐다. 착한 딸의 삶을 살면서도 마니는 특별히 착취당한다고 느끼지 않았다. 규칙은 그저 규칙일 뿐이었다. 마니가 남자들과 함께 있을 때 남자들은 기분이 좋았고 그녀를 좋아했다. 상호 작용은 편안하고 대립 없이, 원활하게 이루어졌다.

자신을 비하하는 희생자 딸

하지만 착한 딸이 되려는 여성이 모두 마니의 경우처럼 목표를 이루는 건 아니다.

낸은 착한 딸이 되려고 정말 열심히 노력했지만 그녀의 내면 가부장은 참으로 지독했다. 그는 낸의 아버지와 어머니처럼 여자가 모든 면에서 남자보다 열등하다고 생각했다. 그녀의 내면 가부장은 낸이 남자를 사귈 때 특히 악랄해졌다. 그럴 때 그는 또 다른 비판적 자아인 낸의 내면 비판자와 협력하여 그녀의 단점을 지적해대며 그녀가 모든 면에서 잘못되었다고 느끼게 만들었다. 착한 딸이 되기 위해 아무리 노력해도 계속 실패할 뿐이었다. 그녀가 하는 모든 행동은 잘못된 것이었다.

낸은 내면에서 오는 그런 공격으로부터 자신을 방어하지 못했다. 그래서 내면 가부장에게 착한 딸이 아닌 희생자 역할을 하는 딸이 되었고, '희생자 딸'은 그녀의 일차적 자아가 되었다. 안타깝게도 이 것은 그녀가 모든 사람에게 희생자 딸이 된다는 것을 의미했고, 특히 만나는 남자들과의 관계에서 이 경향은 두드러졌다. 어쨌거나 내면 가부장은 항상 남자들이 옳다고 확언했다.

내면에서 부정적인 질책을 듣는 동안 낸은 자신에 대해 굉장히 불안정하게 느꼈고, 자기가 하는 모든 것이 잘못되었다고 생각했다. 사귀는 남자들에게 미안해하며 자신을 깎아내렸다. 끊임없이 자신을 부정적으로 평가했고, 상대 남자가 자신을 사랑하는 만큼 자신을 안심시켜주기를 바랐다.

낸은 다음과 같이 말하곤 했다.

"세상에나, 내가 어쩜 이렇게 멍청할 수가 있지?"

"나 끔찍해 보이지 않아?"

"잊어버리다니, 아주 나답네."

"난 수학은 절대 못해."

"컴퓨터는 어려워."

"미안해, 내가 너무 엉망으로 만들었어."

사실 낸은 그렇게 무능하지 않았다. 이 사실을 알기에 남자친구들은 좋은 아버지처럼 그녀가 실은 아주 똑똑하고 일을 잘한다고 말하며 그녀를 안심시키려 하였다. 하지만 얼마 지나지 않아 이들도 짜증을 내고 화를 내게 되었다. 결국 그녀의 내면 가부장처럼 그녀를 보기 시작했고, 내면 가부장이 지적하는 것과 똑같은 '결점'을 지적했다. 남자친구들은 낸의 아버지처럼 행동하게 되었다. 여성을 전혀 존중하지 않는 부정적인 가부장처럼 행동하면서 그녀를 깔보는 내면 가부장의 목소리를 되풀이했다.

낸이 자신의 내면 가부장을 효과적으로 다룰 수 있게 되기 전까지 그녀는 언제나 그가 하는 말의 희생자가 되고, 심지어 이런 방식으로 외부에서도 가부장을 만들어낼 것이다. 그녀는 자신의 내면 가부장이 가진 신념과 느낌을 지지하는 사람들을 끌어들이는 경향도 있을 것이다. 또한 그녀가 내면 가부장의 지시를 따름으로 인해 다른 사람의 내면 가부장이 외부로 표출될 것이다.

반항하는 딸이 놓치고 있는 것

마니와 달리 제인은 항상 착취와 불평등을 경계했다. 그녀는 남성에게 불공정한 이익을 주는 관행이나 상황에 극히 민감했다. 제인의 아버지는 가부장적인 남자로, 그에 따른 장단점을 모두 갖고 있었다. 그는 책임감이 강했고 의지할 수 있는 사람이었다. 집안의 가장으로서 가족 중 자신만이 올바른 결정을 내릴 수 있다고 여겼다. 강인했고, 필요할 때는 자신을 희생할 줄도 알았다. 바깥세상의 압력과 위험에서 가족을 보호하려 애썼다. 그 대가로 제인의 아버지는 존경과 복종을 요구했고, 자신이 가족의 중요한 결정을 모두 완벽하게 통제할 수 있기를 바랐다.

제인은 내면 가부장의 목소리, 즉 여자답게 행동하고 남자에게 결정을 맡기며 부차적인 역할을 하라는 말을 듣고 아버지를 떠올렸다. 그녀는 즉각 반항적이 되어 그의 반대를 넘어서려 했다. 내면 가부장이 무슨 말을 하든, 제인은 반항하는 아이처럼 싸웠다. 내면 가부장을 다룰 때 사실 제인은 마니만큼이나 선택의 여지가 없었다. 차이가 있다면 마니는 자동적으로 순순히 따랐고, 제인은 자동적으로 반항했다는 점뿐이다. 둘 다 자유롭게 자기 나름의 선택을 할 수 없었다.

내 딸이 반항기를 겪던 때가 기억난다. 당시 두 살이던 아이는 내가 무슨 말을 하건 "싫어"라고 답했다. 나는 아이가 계속 반항할지 보고 싶은 마음에 아이가 좋아하는 말을 해보았다. 아이에게 아이스크림을 사 먹으러 나가자고 했다. 아이가 정말 좋아하는 일이었다. 하지만 당시 반항하는 딸로 살고 있던 아이는 그 말에도 역시 "싫어"라고 했다.

여기서 제인이 오직 외부 가부장제에 반항하고 있다는 사실만 인식하고 있었음에 주목하는 것이 중요하다. 외부 가부장제는 제인이 정확한 정보를 근거로 설득력 있게 열과 성을 다해 이야기할 수 있는 주제다. 사실 제인은 외부 가부장제만이 아니라 자신의 내면 가부장에게도 반항하고 있었다. 그녀는 외부 가부장들과 맞닥뜨렸을 때 자신이 바라는 대로 해냈는지 못 했는지는 인식하고 있었지만, 내면 가부장, 즉 자기 안에 살고 있는 그림자 왕이라는 존재에 관해서는 전혀 모르고 있었다.

내면 가부장에게서 도망치는 삶

지난 세월을 돌아보면, 내면 가부장을 피하는 선택을 한 여성이 소수일지언정 항상 존재했다. 그들은 내면 가부장이 지배하는 관계와 결혼이라는 주요 영역에 발을 들이지 않기로 했다. 그 여성들은 대부분 자신의 경험을 글로 옮긴 작가들이었고, 그중 한 사람이 루이자 메이 올컷^{Louisa May Alcott}이다. 올컷은 여성이 남성과 결혼하면 자신의 욕구는 한쪽으로 제쳐놓고 남편을 만족시키느라 진정한 자신의 삶을 살 수 없게 된다고 말했다. 우리는 그녀가 희생하지 않아도 되는 남자를 찾을 수도 있지 않았을까 생각해볼 수 있다. 그러나 자신을 동등하게 대접하는 남자를 만났더라도, 올컷은 여전히 어머니에게 교육받은 내면 가부장의 요구를 처리해야 했을 것이다. 일단 결혼하면 여성은 전적으로 남편에게 속하고, 여성의 모든 것은 남편의 이익을 위해 쓰여야 한다는 것이 바로 내면 가부장이 세운 규칙이다. 이를 따르지 않는다면 좋은 아내가 아니다!

올컷은 내면 가부장의 요구 사항과 관계 규칙을 따르는 착한 딸들에 대해 알고 있었다. 그녀의 소설『작은 아씨들』은 원형적인 착한 딸의 다양한 모습을 훌륭하게 그리고 있다. 사랑이 많고 어머니 같은 착한 딸 멕, 항상 책임감 있고 단단하며 창의적인 착한 딸 조, 온순하고 영적인 착한 딸 베스, 그리고 애교를 부리고 매혹하는 착한 딸 에이미가 있다. 나는 이들의 어머니인 마치 부인 또한 착한 딸임을 지적하고자 한다. 그녀는 충직하고 불평이 없으며 쾌활한 '굿 걸'로, 남편이 무슨 일을 하건 지지하고 우러러보는 내면의 규칙을 따랐다. 작은 아씨들(알다시피 내면 가부장에 따르면 여성은 '큰' 존재가 아니라

'작은' 존재다) 중 진정한 힘을 갖고 있거나 진정한 선택을 하는 인물은 아무도 없다. 그들 가운데 누구도 주변 남성과 상관없이 자신의 삶을 자기 손으로 일구어나가지 못한다. 하지만 그들은 분명 달콤하고 멋진 삶을 살아간다. 심지어 고난의 시간에도 말이다!

최근 들어 한 남자에게 헌신하는 관계를 갖지 않는 것으로 내면 가부장의 요구를 회피하는 여성들이 점점 더 늘고 있다. 슬프게도 이런 선택을 지시한 게 자신의 내면 가부장이라는 사실을 깨닫지 못하는 이들이 많다. 이들은 내면 가부장의 요구를 투사해 자신에게 요구하는 주체가, 살면서 만나는 남자들이라고 여긴다.

그런 작동 방식을 살펴보자. 리넷의 내면 가부장은 밤마다 저녁 식탁을 치우는 것이 그녀의 임무라고 말한다. 리넷은 이것을 내면 가부장의 요구라고 보지 않고 대신 남자친구 밥에게 투사한다. 마치 영사기가 이미지를 영화 스크린에 투사하듯이 말이다. 리넷은 식사를 마치면 자신이 식탁을 치우기를 밥이 기대한다는 것을 그냥 안다. 내면 가부장이 아닌 밥이 요구한다고 생각하는 것이다.

리넷은 밥의 '요구'라고 여기는 그것이 자신의 존엄성과 평등 의식에 대한 모욕이라고 생각했다. 때문에 밥에게 분개했다. 그런데 그를 원망하면서도 매일 밤 식탁을 치우고 설거지를 한다. 그녀는 결코 밥에게 이에 대해 어떻게 느끼는지 묻지 않는다. 그녀의 내면 가부장이 자신은 언제나 남자의 기분을 알고 그들이 무엇을 기대하는지도 안다고 생각하기 때문이다. 리넷의 내면 가부장은 아무리 아니라고 해도 남자라면 기본적으로 밥그릇을 치우고 설거지를 해주기를 원한다는 것을 안다.(여기서 많은 경우 그들의 짐작이 맞아떨어지긴 하지만 내면 가부장이 상황을 항상 완벽하게 읽는 것은 아니라는 점에 주목해야 한다.)

리넷은 자신이 교양 있는 사람이라고 느낀다. 그녀는 성평등을 믿고, 자신이 남성의 기대라는 틀에 갇히고 싶어 하지 않는 걸 분명히 알고 있다. 다만 그런 기대 중 상당 부분이 자신의 내면에서 왔음을 깨닫지 못했다. 그녀의 내면은 마치 외부의 적과 내통하기를 기다리는 배신자와도 같았다. 그녀의 내면 가부장은 다음과 같은 말을 한다. "네가 결혼하면 남편은 네가 자기 요구를 먼저 들어주길 바랄 거야" "연애할 때는 환심을 사려고 무슨 말을 할지 모르지만, 남자는 너보다 우월하기를 원해" "결혼하고 나면 네 힘을 계속 유지할 길은 없어." 리넷은 이를 진리라고 생각하고 모든 남자를 잠재적인 폭군으로 본다. 내면 가부장의 도움을 받아 리넷은 그의 신념을 뒷받침하는 것으로 보이는 모든 미묘한 신호를 읽는다. 그녀는 밥이 아니라 자신의 내면 가부장이 밥을 보는 시각에 반응한다. 계속 상대의 마음을 지레짐작하고, 그에 따라 행동한다. 내면 가부장이 그런 행동이야말로 밥이 정말로 원하는 것이라고, 밥이 하는 말은 그냥 말뿐이라고 이야기하기 때문이다. 이 때문에 관계에 문제가 생긴다.

밥은 정치적으로 올바르게 생각하고 행동하려고 애를 쓴다. 자신이 가진 가부장적 기대를 없애기 위해 열심히 노력해왔다. 그는 결혼 생활이 평등하기를 바란다. 밥의 그런 면에 리넷은 매력을 느꼈다. 하지만 이 모든 노력에도 불구하고, 다른 남자와 마찬가지로 밥의 내면에는 가부장적인 목소리가 여전히 남아 있다. 만일 리넷이 계속해서 내면 가부장의 지배를 받는다면 밥 내면의 가부장적인 목소리도 조만간 되살아날 것이다. 밥의 가부장이 활동을 시작하면,

그는 리넷이 아내다운 행동이라고 여겨지는 규범을 따르기를 기대할 것이다. 그런 시점에서는 리넷의 내면 가부장이 옳다. 밥은 리넷이 굿 걸이기를 원하고, 그녀는 그 기대를 따르기 때문이다.

결국 리넷은 남자친구의 '남성우월주의적' 요구 사항에 지친다. 이이야기의 슬픈 결말은 그녀가 남자친구의 진정한 느낌과 기대를 전혀 깨닫지 못한 채, 드라마에서 자신이 담당한 역할을 의식화하지 못한 채 남자친구를 떠난다는 것이다. 모든 것이 그녀 무의식의 그림자 안에서 펼쳐졌다. 그녀가 자신의 내면 가부장에 대해 알았더라면 관계는 완전히 다른 방향으로 진전될 수 있었다. 남성의 기대에 대한 내면 가부장의 해석과, 착한 딸 혹은 나쁜 딸 둘 중 하나가 되려 하는 여성의 성향 때문에 관계에 심각한 어려움이 생길 수 있다. 관계에서 이것이 어떻게 나타나는지 보여주는 다른 예를 살펴보자.

60대 후반의 여성 메리앤은 자기보다 나이가 아래인 팸의 내면 가부장과 내가 대화하는 것을 관찰하고 있었다. 팸은 최근에 결혼했다. 꽤 오랜 기간 연애를 했는데도 결혼 직후 내면 가부장은 여자가 남편에게 어떻게 해야 하는지에 대한 규칙을 전면에 내세웠다. 이 규칙은 엄격하고 끝이 없어 보였다. 요약하자면 이제 팸은 남편의 신체적, 정서적, 영적 안녕에 책임이 있었다. 만일 남편이 일을 잘 못하면 그건 그녀가 집에서 스트레스를 주었기 때문이었다. 만일 남편의 체중이 늘면 그녀가 남편을 잘못 먹여서였다. 남편이 아프면 그녀가 뭔가 잘못해서 남편의 면역력이 약해진 게 확실했다.

또한 팸의 내면 가부장은 그녀가 결혼을 했으니 좋은 아내가 되고 집안일을 잘 수행하기를 바랐다. 팸은 항상 풀타임으로 일했다. 결혼 전에는 '아내의 의무'를 한 적이 없었다. 함께 사는 파트너였던 시절에는 똑같이 나눠서 하던 일이었다. 하지만 결혼이 모든 것을 바꿔놓았고, 팸은 새로운 책임에 지쳐버렸으며 남편의 새로운 '요구'에 짜증이 났다. 팸의 남편은 결혼 전과 달라지지 않았다. 역설적이게도 팸을 잔뜩 짜증나게 하고 결혼이 부담스럽다고 느낀 것은 팸의 내면 가부장이 남편과 상의도 없이 실행한 결과물이었다.

메리앤은 팸의 내면 가부장에 대해 들으면서 큰 충격을 받았다. 메리앤은 오래전에 한 번 결혼을 했다가 이혼한 뒤로 결혼을 회피했다. 그녀에게는 많은 연인이 있었고 신나는 일이 많았다. 한 사람에게만 헌신하는 관계를 결코 원하지 않았다. 그녀는 한 남자의 욕구에 갇혀버리거나 그의 요구에 예속되기를 거부했다! 팸의 내면 가부장이 하는 말을 들으며 메리앤은 지난 40년 동안 주변 남자들의 요구라고 생각한 것들이 실은 자신의 내면 가부장의 요구였음을 비로소 깨달았다. 그동안 줄곧 그녀는 자신이 남성들에게 투사해온 이미지에서 도망치고 있었고, 거기에 무엇이 있는지 멈춰 서서 자세히 알아본 적이 한 번도 없었다.

하지만 메리앤은 성공적인 삶을 살아왔다. 내면 가부장의 비판과 요구를 피해왔다. 내면 가부장의 구역에서 놀지 않았고, 따라서 그의 규칙을 따를 필요가 없었다. 주로 여성들과 어울리고 남자들과는 가벼운 관계만 맺었기에 내면 가부장의 굴욕적인 논평이나 성차별적 요구에 직면하지 않았다. 그녀는 자신을 존중하는 독립적인 인간으로 살았다.

그런 역할은 하지 않아도 된다

우리는 더 이상 내면 가부장을 다루면서 굿 걸 또는 배드 걸이 될 필요가 없다. 내면 가부장과 그의 요구에서 벗어나기 위해 반항아가 되지 않아도 되고, 관계를 완전히 회피할 필요도 없다.

다음 장에서는 우리에게 깊숙이 침투해 있고 다루기 어려운 이 자아를 다루는 대안적 방법을 탐색해볼 것이다. 내면 가부장이 무엇을 원하는지, 무엇을 두려워하는지, 그의 힘과 균형을 이루기 위해 무엇을 할 수 있는지를 살펴볼 것이다. 그에게 존중받고 그를 존경하는 법을 알아보고, 그가 여성의 삶에 미치는 파괴적 영향을 어떻게 제한할 수 있는지 배울 것이다.

8장

내면 가모장의 생각

내면 가부장은 여성이 여자라는 이유로 수치심을 느끼고 사과하거나
방어적이 되도록 만든다. 반대로 가모장은 여성을 자랑스러워한다.
가모장은 여자들이 남자들보다 훨씬 더 우월하다고 생각한다. 여성을
존경하며 전통적으로 여성에 관련된 모든 것을 존경한다. 남성이나
전통적인 남성적 세상의 방식에 감동하지도 않고, 위협을 느끼지도
않는다.

여성들은 외부 가부장제의 힘과 균형을 맞추기 위해 노력해온 것과
마찬가지로, 늘 내면 가부장의 힘에 균형을 맞춰야 할 필요가 있었
다. 여기에는 크게 두 가지 이유가 있다. 다른 무엇보다 먼저, 힘의
균형이 없으면 내면 가부장이 주변 남성들의 딸 역할을 하도록 만들
기 때문이다. 내면 가부장의 영향력에서 분리되면 여성은 남성의 파

트너로서 동등한 위치에 서게 된다. 두 번째로 내면 가부장이 주는 선물이 합리성, 법, 질서, 규율, 집중, 생산성, 통제, 성취에 대한 강조, 약자를 보호하기 위한 지시, 예측 가능한 세상을 위한 명확한 역할 엄수 등이기 때문이다. 이런 선물은 우리가 물려받은 유산의 절반에 불과하다. 나머지 절반은 다른 자아들이 갖고 있다.

남자들은 쓸모가 없어

여성의 내면에는 가모장이 존재한다. 가모장은 내면 가부장이 가진 힘과 그가 추구하는 일련의 가치들 사이에서 균형을 이루기 위해 최선을 다하는 목소리다. 나는 가모장을 여성의 일차적 자아, 즉 의식적이고 힘 있는 목소리 중 일부로 본다. 그녀는 우리가 간직한 전통적인 여성적 가치를 보호하기 위해 마치 전사와도 같이 전면에 나선다. 그러한 목소리가 내면에서 들려올 때 나는 그것을 내면 가모장이라 부른다. 내면 가부장처럼 그녀에게도 좋은 면과 나쁜 면이 있다.

　가모장은 남성을 여성보다 더 가치 있는 존재로 여기는 세상에서 불의와 불평등에 분노한다. 전통적인 남성적 가치를 극찬하고 여성적인 가치를 비하하거나 하찮게 여기는 현상이 위험하다고 본다. 여자는 쓸모없다며 죽음으로 내몰린 아시아의 어린 소녀들을 보며 가모장의 가슴은 찢어진다. 열 살에 성노예로 팔려간 소녀들, 할례를 당한 소녀들, 인간으로서 가장 기본적인 인권마저 부인당한 여성들 한 명 한 명을 위해 진심으로 애통해한다. 강간에 격노하며, 성적 충동을 통제하지 못하는 남자들에게 걸맞은 처벌은 거세뿐이라고 주장한다. 가모장은 남자들과 남자들의 세상이 별 가치가 없다고 본다.

가모장은 여성 안에 있는 자아로, 자신의 성별gender이 남성보다 우월하다고 본다. 그녀는 남자들과 전통적인 남성적 특질에 아주 부정적인 입장을 보인다. 내면 가모장은 주류 문화의 견해에 동조하지 않기 때문에, 여성들에게 내면 가부장이 문제가 되는 것과는 달리 남성들에게는 그다지 문제 될 것이 없었다. 하지만 최근 들어 점점 더 많은 남성들이 자신의 내면 가모장의 잔인함과 주변 여성의 가모장 때문에 괴로워하고 있다.

남성을 좋아하지 않는 여성의 손에서 자란 남자들은 운명적으로 이런 괴로움을 겪을 수밖에 없었다. 부정적 견해를 상쇄하고 균형을 잡을 만한 강한 남성이 없는 가정에서 자라는 남자아이의 내면에는 대부분 내면 가모장이 존재한다. 내면 가모장은 남자아이라는 이유로 그 아이 자체를, 아이의 감정과 태도를 못마땅해한다. 알다시피 이는 여성의 삶 속에서 내면 가부장이 수행하는 역할과 매우 유사하다.

예를 들어보자. 론은 어머니 손에 자랐다. 그의 아버지는 막내가 태어났을 때 가족을 버리고 어머니를 떠나버렸다. 어머니는 혼자 세 아이를 키워야 했다. 론은 집안의 유일한 남성이었다. 주변에는 늘 어머니와 여자 형제들이 있었고, 가끔 할머니와 이모들이 도와주러 왔다. 어머니가 만나는 남자들이 있긴 했지만 그들은 론에게 별로 관심이 없었고, 그래서 론의 삶에는 기본적으로 남성이 부재했다.

론이 자랄 때 집안 여자들은 남자들이 얼마나 무정하고 책임감 없고 잔인한지 불평했고, 여자가 아니면 세상은 무너져 내릴 거라고 했다. 이런 말들이 론의 내면 가모장의 지루한 연설이 되었다. 내면 가모장은 진심으로 남자들은 나쁘다고 믿었고, 론에게 이를 알려주는 것을 주저하지 않았다. 론이 남성이기에 당연히 그도 세상 다른 남자들처럼 나빴다. 그가 남자다운 특성들을 모두 버리지 않는 한 말이다. 하지만 론이 내면 가모장의 말을 듣고 좀 더 여성적이 되면, 그는 너무 여자같이 군다는 (자기 자신과 타인의) 내면 가부장의 부정적인 시선을 받아야 했다.

주류 문화에는 론과 같은 남성들이 내면 가모장의 목소리를 무시하도록 돕는 면이 있다. 그들이 남성성을 유지하면서 세상 여성들의(또는 겁쟁이들의) 그릇된 판단에 저항하도록 격려를 보낸다. 하지만 이런 격려는 그들 내면에 존재하는 부정적인 목소리에 그다지 효과가 없다. 내면 가모장은 내면 가부장과 마찬가지로 그리 쉽게 침묵하지 않는다. 내면 가모장은 상당한 딜레마를 야기한다. 론 같은 남자들은 진퇴양난에 빠져 있다.

최근 몇 년간 가모장의 힘은 '뉴에이지'적 사고와 수많은 페미니스트의 가치관에 힘입어 상당히 강화되었다. 남성과 여성 안에 있는 가모장의 목소리는 권력과 공격성, 경쟁, 무감각한 섹슈얼리티와 착취에 비판적이다. 내면 가모장은 감정과 협력, 자연의 순환과 사랑, 가족과 양육에 가치를 둔다. 그녀는 내면 가부장과 전쟁 중이다. 이제 소개할 마지의 예에서 보듯 내면 가부장과 내면 가모장 모두가 못마땅해하는 행동도 있기는 하지만 말이다.

작가인 마지는 집에서 일한다. 그녀는 좋은 베이비시터를 구해서 자신이 일에 집중할 때 아이들이 방치되지 않도록 하고 있다. 마지는 마감일을 앞두고 일하면서 아이들의 울음소리를 무시하는 법을 배웠다. 옆방에서 소란한 소리가 들려도 베이비시터가 아이들을 돌보도록 내버려둔다. 그럴 때 마지의 가모장은 이렇게 말한다. "넌 남자랑 똑같이 행동하는구나. 그건 나쁜 행동이야. 아이들이 네 삶에서 가장 중요하다는 걸 잊지 마. 경력을 쌓느라고 애들을 방치하지 마. 그건 우선순위를 잘못 정했다는 신호니까. 네 아버지가 너보다 일을 더 중요하게 여겨서 네게 상처를 줬듯이 네 아이들에게도 똑같이 상처를 주게 될 거라고! 그게 요즘 세상이 잘못된 원인이라니까."

마지의 가모장은 업무나 세상에서의 성공에 몰두하는 것을 중요시하지 않는다. 그래서 그녀는 여자의 자리는 집이고 남편과 아이들의 요구에 헌신해야 한다고 믿는 내면 가부장과 힘을 합친다. 둘 다 마지에게 같은 것을 요구한다. 다만 둘의 가치관에 차이는 있다. 가모장은 가족에 집중하는 것이 직업보다 더 고귀한 일이라 보는 반면, 내면 가부장은 직업이 가족에 집중하는 것보다 더 가치 있다고 여긴다. 이것이 내면 가부장과 가모장의 차이점이다.

남자답다는 것, 수치스럽지 않은가?

내면 가부장처럼 내면 가모장은 무의식 깊숙한 곳에 자리 잡아, 의식이 미치지 않는 그림자 영역에서 우리에게 해를 끼친다. 그녀는 남자들이 그들 자신과 그들이 지닌 전통적인 남성적 특성을 수치스럽게 여기도록 만든다. 남자처럼 생각하거나 행동하고 느끼는 여성들도 자신을 수치스럽게 여기도록 한다.

나는 많은 내면 가모장과 이야기를 나누었다. 여기서는 조지의 내면 가모장을 소개하려 한다. 조지의 내면 가모장은 남성, 여성, 삶에서 중요한 것들에 대해 우아하고 명쾌하게 표현한다. 그녀의 말을 들으며 당신은 그녀의 온화함과 슬픔을 느낄 것이다. 아울러 전통적으로 여성적이라고 여겨진 가치들에 양가적 태도를 보이면서 동시에 강조하는 것 또한 들을 수 있을 것이다. 마지막으로 남성과 남성 세계를 전반적으로 부정적인 시각으로 바라보는 것도 알 수 있을 것이다. 그녀는 슬프고도 사려 깊게, 온화한 목소리로 아주 천천히 말했다. 어떤 가모장은 분노하고 전투적이지만, 조지의 가모장은 생각에 잠겨 슬퍼했다.

시드라 오늘날 여성의 위치에 대해 어떻게 느끼는지 듣고 싶어요.

내면 가모장 이 세상이 여성에게 안전하지 않다는 건 아시겠지요. 특히 남자의 몸 안에 있을 땐 더 그렇죠. 내가 바깥세상에 나오는 건 안전하지 않아요.

시드라 왜 그런가요?

내면 가모장 내가 잘못된 장소에서 나오면 나 때문에 조지가 정말 곤란해질 수 있거든요. 남자들은 나를 전혀 좋아하지 않아요. 예전에는 내가 더 자주 밖으로 표출되었어요. 나는 민감할 수 있었고, 나를 정말 좋아하는 여자들도 있었죠. 조지가 누군가의 이야기에 귀 기울일 때, 누군가를 보살필 때, 부드럽게 행동할 때, 이럴 때 내가 나설 수 있어요.

나는 조지가 청년 시절 크리스천이 되었을 때 나올 수 있었어요. 그땐 나의 연민과 온화함이 받아들여졌죠. 그래요, 조지가 열아홉 살에 병원에서 잡역부로 일할 때였어요. 그때 그는 연민을 드러낼 수 있었죠. 자그만 할머니들에게 친절했고, 할머니들은 그를 정말 좋아했어요. 하지만 그가 나이가 들수록 내가 나설 기회가 점점 줄어들었어요. 어릴 때는 내 존재가 괜찮았지만, 성인 남자가 되니 아닌 거죠.

시드라 조지가 소년이었을 때는 괜찮았지만 성인 남자가 되니 아니었다는 말씀이네요. 그가 자라서 남자가 되어야 했을 때 당신을 지워버렸군요. 그건 여자아이들도 마찬가지예요. 사춘기가 될 때까진 남자아이들처럼 행동해도 되지만, 사춘기가 되면 여자답게 행동하라는 말을 듣죠.

내면 가모장 그렇죠. 맞아요. 그의 삶 속에 나를 위한 장소가 있었으면 좋겠어요. 하지만 난 분명 여자고, 여자들을 사랑해요.

시드라 당신이 존경하는 여자 유형이 있나요?

내면 가모장 자신의 섹슈얼리티와 소통하며 그걸 정말 즐기는 여자들을 존경해요. 그들이 나를 좋아해주면 좋겠어요. 나는 그들의 여성성을 좋아해요. 그들이 자신의 섹슈얼리티를 즐기는 방식, 여성들이 아이를 낳을 수 있는 것, 이런 것들이 정말 좋아요. 그래서 그들이 부럽기도 해요. 조지가 아이를 낳을 수 없다는 게 애석해요. 내가 젊었을 때 아내가 임신한 친구가 있었는데, 그때 이렇게 생각했어요. 생명이 내 안에서 자라는 걸 느낄 수 있다면, 나도 그녀처럼 아이를 낳을 수 있으면 얼마나 좋을까 하고요.

조지가 남자의 몸을 갖고 있다는 게 항상 슬펐어요. 여성의 몸을 가지고 태어난 당신이 (진심으로 갈망하며) 정말 부러워요. 여성들은 부드럽고 온화하고 동정심이 있죠. 여자들끼리 친밀하고, 서로 비밀을 공유하고, 서로 정말 가까워지는 그런 것들 말이에요.

시드라 뭔가 흘러가는 듯하면서도 감각적이고 부드러운 느낌 같아요.

내면 가모장 맞아요. 그리고 여성들이 지닌 너른 품, 뭔가 아우르는 그런 것도 있어요. 여자들은 합당한 이유로 상처를 입어요. 여자들은 뭐가 중요한지 알죠. 남자들과는 달라요.

시드라 뭐가 중요할까요? 남자들은 간과할지 모르지만 여자는 반응하는 게 뭘까요?

내면 가모장 (슬프게) 고통, 누군가의 고통이 합당한 이유일 거예요. 입지 않아도 되는 상처를 입는 게 올바른 이유일 거예요. 생명을 잃는 거. 남자들은 반응하지 않죠. 남자들은 너무 얄팍해요. 생명, 죽음, 영성, 감정과 친밀감. 대부분 감정이죠.

시드라 당신은 남자들이 그리 중요하지 않은 일에 관심을 보인다고 말했어요. 어떤 게 그렇죠?

내면 가모장 이기는 거! 남자들은 이기는 것에 신경을 많이 쓰죠. 테니스 게임에 이기는 거 같은. 있잖아요. 조지 아빠는 지역 대회에서 이기겠다고 몇 시간이고 연습하고는 지면 그렇게 속상해했어요. 이기는 것과 경쟁, 그게 남자들의 관심사죠. 이기고 지는 게 뭐가 그렇게 중요한가요. 이기든 지든 얻는 게 아무것도 없는데 말이죠. 경기를 하거나 경쟁하는 걸 반대하는 건 아녜요. 하지만 분노와 자원을 써버리는 거, 가족과 가정에 쓸 시간을 그렇게 써버리는 게 싫은 거예요. 자존심은 세워질지 모르겠지만, 사랑하고 관계 맺는 것과는 거리가 먼 일들을 하느라 시간을 쓰죠.

알잖아요. (목소리를 좀 더 높여 비판조로) 남자들은 보잘것없는 자존심을 꼭 내세우죠. 그래서 잘못할 때가 있어요. 남자들은 잘못하면 방어적이 되고, 그러다가 사람들에게 상처를 줘요. 그게 문제죠.

시드라 남자들은 자기가 상처를 입으면 다른 사람들에게 상처를 준다는 의미인가요?

내면 가모장 맞아요. 잘못하면 좀 어때요? 우리 다 잘못을 할 때가 있잖아요. 그렇다고 그게 누군가에게 상처를 주는 데 변명이 되진 않아요. 여자들은 남자들보다 훨씬 나아요. 그런 걸 안 하거든요.

시드라 그러니까 사람들에게 상처를 주는 것에 강한 반감을 느끼고 계시는군요.

내면 가모장 그래요! 다른 사람들을 아프게 하고, 고통을 주는 것에 반대해요.

시드라 그럼 조지가 상처를 받거나 다른 사람이 상처를 받는 것 사이에서 선택을 해야 한다면, 신체적으로나 정서적으로 말이죠, 그런 상황에 대한 규칙을 정해두셨나요?

내면 가모장 아니요, 그렇진 않아요. 나는 순교자도 아니고 이타적이지도 않지만, 누구에게도 상처 주고 싶지 않아요. 내가 상처받는 것도 싫고요. 때로는 화가 나서 맹비난을 할 수는 있어요. 하지만 누군가가 먼저 상처를 줬을 때만 그렇게 반응할 거예요.

알다시피 남자들은 전쟁에 나가면 죽이거나 죽임을 당해야 하죠. 그게 전쟁이니까요. 슬픈 일이죠. 하지만 내가 말하는 건 *그런* 게 아녜요. 남자들은 자신이 얼마나 유능한지 증명해 보일 필요를 느낀다는 것, 그리고 그로 인해 다른 사람에게 상처를 준다는 뜻이에요. 그런 건 남자아이들에게나 요구되는 거죠. 아이가 커서 남자가 되면 멈춰야죠. 그건 공허하고 중요하지 않아요.

시드라 그러니까 당신이라면 단지 그가 남들보다 낫다는 걸 증명하기 위해 경쟁하려는 욕구를 억누르겠다는 거군요. 또 어떤 것들을 억누르시겠어요?

내면 가모장 나는, 억누르지 않을 거예요. 나라면 손을 뻗어서 손에 잡히는 건 뭐든 잘라내 떨쳐버릴 거예요. 지배하려는 욕구 같은 거 말예요. 그런 건 대부분 감정의 결핍과 관련 있지요.

남자들만큼 깊이가 없고 심술궂고 잔인한 여자들은 나쁘다고 생각해요. 예전에는 모든 여성이 나 같을 거라고 생각했지만, 남자 같은 여성들도 있단 걸 이젠 알아요. 나는 그런 여성들이 너무 싫어요. 반대로 나 같은 남자들도 있고, 나는 그들을 정말 좋아하죠.

내면 가모장이 젠더와 상관없이 무엇이 중요하고 무엇이 중요하지 않은지에 대해 강한 의견을 갖고 있다는 걸 분명히 알 수 있다. 그녀는 내면 가부장과 달리, 남자일 경우에만 (자기 확신과 같은) 어떤 행동을 존중하는 이중 잣대를 적용하지 않는다. 내면 가모장은 어떤 행동이나 가치에 대해 남녀 불문하고 비난한다. 그녀는 우리가 전통적으로 '남성적'이라 생각하는 것에 대해 부정적으로 생각하고, 이런 요소가 남성뿐 아니라 여성에게 나타날 때도 용인하지 않는다. 반대로 전통적으로 '여성적인' 가치와 행동을 소중히 여기고, 여성은 물론 남성에게서 이런 요소가 드러날 때도 이를 인정한다.

이 한심한 남자들을 어떻게 하면 좋을까

조지의 무의식은 자신의 내면 가모장이 세상 속 남성의 자리에 대해 어떤 견해를 가지고 있는지를 제대로 보여준다. 그가 꾼 꿈에서 어머니는 자식들과 함께 살았다. 어머니는 아버지를 집 밖에 따로 떨어진 별채에 살게 했다. 별채는 본 건물보다 낮았고, 4~5미터 깊이의 커다란 직사각형 구덩이 안에 있었다. 아주 편안해 보이는 구조의 건물로, 지붕은 흙으로 덮여 있고 사냥꾼의 오두막 같았다. 아버지는 그 안에서 편안하게 살 것 같았다. 조지의 꿈에서 남자는 여자들과 아이들에게서 완전히 분리되어 있었다.

이렇듯 유배된 남성의 이미지를 염두에 두고 나는 조지의 내면 가모장에게 남자들을 어떻게 하면 좋겠느냐고 물었다. 그녀는 이전보다 더 차갑고 비판적인 목소리로 다음과 같이 대답했다.

내면 가모장 기본적으로 나는 남자들이 걸리적거리지 않게 좀 비켰으면 좋겠어요. 집과 가족과 사랑과 양육에 방해가 안 되게 말이에요. 불쾌한 곳에 있을 것까진 없지만, 그냥 집에서는 나가줬으면 좋겠어요. 남자들이 방해만 안 되면 세상은 더 나은 곳이 될 거예요.

시드라 어디 그런 적당한 장소가 있을까요?

내면 가모장 조지가 사냥 동아리 같은 데 들어가면 정말 좋겠어요. 남자들은 사냥하러 보내고 우리는 애들을 돌보면서 중요한 일을 할 거예요. (상당히 깔보는 태도로) 그리고 밤에 집에 돌아오면 얼굴에 페인트를 칠하고 춤을 추든 뭘 하든 해도 돼요. 하지만 우리가 정말 중요한 일을 하는 데 간섭해선 안 돼요. 중요한 일은 여자들끼

리만 해야 하거든요.

시드라 마치 문명을 유지하려면 남자들이 방해가 안 되게 비키는 게 좋다고 생각하시는 것 같네요.

내면 가모장 바로 그거죠! 남자들은 집에 들어와서 일을 엉망으로 만들 뿐이에요. 무뚝뚝하고 잔인하고 무정하고 무신경해요. 가장 좋은 건 남자가 집에 없는 거고, 가장 나쁜 상황은 남자가 다 망쳐 놓는 거죠. 남자들은 산장에 가서 사냥이나 하라 그래요. 난 사냥은 정말 바보 같은 일이라고 생각해요. 남자들은 정말 얄팍해! 우리 여자들은 얼마나 깊이가 있는데!

여기서 남자들을 쓸모없다고 생각하는 게 내면 가모장임을 짚고 넘어가야 할 것 같다. 그녀는 우리의 자아들 중 하나일 뿐이다. 아주 다르게 느끼는 자아들도 많다.

굿 보이와 거세

내면 가부장이 여성을 하찮게 여기고, 여성이 스스로를 끔찍하게 여기게 만드는 것과 마찬가지로, 내면 가모장도 남성이 자신의 남성성을 불편하게 느끼도록 만든다. 테스토스테론과 관련된 행동이라면 어떤 것이든 혹독하게 비판받는 것이다. 내면 가모장은 남성이 타고난 공격성, 섹슈얼리티, 텃세, 경쟁심에 대해 수치심을 느끼게 한다. 남성을 차분하게 진정시키려 하고, 그의 모든 에너지를 감성과 양육에 집중하게 한다. 내면 가모장은 그가 자기 자신을 제대로 돌보지 못한다고 지적한다. 그녀는 '착한 소년good boy'만 좋아한다.

반면 앞서 언급한 것처럼 내면 가부장은 세상의 굿 보이들을 경멸한다. 모든 이에게 정말 혼란스러운 상황이다!

공감과 잔혹성이 공존하는 가모장 목소리의 특성을 다음과 같은 젊은 여성의 꿈을 통해 분명하게 볼 수 있다.

> 커다란 방에 가족과 함께 있는 꿈을 꾸었다. 여자들만 모여 있었다. 어머니와 할머니, 증조할머니와 이모들이 모두 나와 함께 있었다. 나이 든 여자들이 무언가 담겨 있는 병을 돌리고 있다. 병을 전해 받은 사람은 조심스레 들여다보다가 다음 사람에게 전달한다. 내 차례가 되어 나도 병 속을 들여다본다. 거기에는 아버지의 성기가 들어 있다.

이런 거세는 대개 상징적이고 미묘하다. 가모장이 남성의 행동을 조롱할 때 거세라는 현상이 나타난다. 가모장은 남자가 모두 어린 소년인 것처럼 말한다. 남자들한테 방해되지 않게 다 같이 사냥이나 가라고 비아냥대는 조지의 내면 가모장처럼 말한다. 가모장들은 발언 기회를 얻을 때마다 이런 말을 한다.

- 나는 여자들이 기본적으로 남자들보다 강하다고 생각해.
- 남자는 알고 보면 다 어린애라니까.
- 남자들은 뭐가 정말 중요한지 몰라.
- 여자들은 뭐가 중요한지 잘 알지.
- 남자들은 감정을 느낄 줄 몰라.

- 남자들은 언제나 경쟁하고 과시해.
- 남자들을 다룰 필요가 있어. 남자 다루는 법을 잘 알면 원하는 건 뭐든지 얻을 수 있지.
- 이 세상이 이 모양인 건 다 남자들 때문이야.
- 남자들은 싸우는 걸 좋아해. 여자들에게 맡겼다면 전쟁은 없었을 거야.
- 남자들은 생각을 좆으로 한다니까.
- 여자들은 남자들보다 불편한 걸 훨씬 더 잘 참아. 남자들이 임신이나 출산을 해야 했다면 세상에 아이들은 없었을 거야.
- 남자들은 남들에게 무슨 일이 일어나는지 상관 안 해. 관심 있는 척할 뿐이지.
- 남자들은 하나밖에 관심이 없어.(섹스를 의미)
- 남자들은 잔인해.
- 남자들은 경쟁적으로 타고났어. 여자들만 협력하는 법을 알지.
- 난 양육 잘하는 남자는 본 적이 없어.
- 나는 남자들을 믿지 않아. 그들은 남을 이용하려 해.

내면 가모장의 감정적 어조는 냉정하거나 화를 내거나 비판적인 내면 가부장의 어조와 대비된다. 그녀는 겸손하거나 경멸하는 식으로 접근할 때가 많다. 부정적일 때 가모장은 감정에 대한 지식을 이용해 남자를 조종하여 그가 아주 부족하다고 느끼게끔 만든다.

내면 가모장은 남성에게 조롱하는 눈빛을 보내며 가족의 따뜻함과 친밀함으로부터 남성을 차단해버릴 수 있다. 그는 무엇 하나 제대로 하지 못하는 버려진 아이처럼 느끼게 될 것이다. 내면 가모장은 남성의 모든 재능과 성취와 힘을 하찮고 별 볼 일 없는 것으로 만들어버리고, 그가 성취한 것들이 아무것도 아니라고 그에게 알려준다.

가모장이 가부장과 균형을 이루려면

가모장은 여성의 내면 가부장과 균형을 맞출 수 있도록 돕는다. 내면 가부장은 여성이 여자라는 이유로 수치심을 느끼고 사과하거나 방어적이 되도록 만든다. 반대로 가모장은 여성을 자랑스러워한다. 가모장은 여성이 남성보다 낫다고 생각한다. 여성을 존경하며 전통적으로 여성에 관련된 모든 것을 존경한다. 남성이나 전통적인 남성적 세상의 방식에 겁먹지 않는다. 이렇게 그녀는 여성에게 자존감을 부여하고 여성을 위한 자리를, 여성이 자신과 자신의 성^{sex}을 자랑스러워할 수 있는 자리를 개척한다.

캐런의 가모장이 하는 이야기를 들어보자.

"캐런은 아주 강한 어머니의 손에 자랐고, 나는 캐런의 어머니가 아주 자랑스러워요. 기본적으로 그 집안의 여성들이 자랑스러워요. 그녀의 어머니, 할머니, 증조할머니가 자랑스러워요. 세상에서 이룬 일은 없지만, 모두 강한 여성들이거든요. 가족을 하나로 뭉치게 하고, 여자들보다 나약했던 자기네 남자들이 밖에 나가 성공할 수 있도록 뒷바라지했어요. 지난 30년 안에 태어났더라면 세상에서 아주 힘 있는 자리에 올랐을 거라고 장담할 수 있어요. 물론 그들이 정말 원한다면 말이에요.

기본적으로 남자들은 여자 없이는 쓸모가 없다고 생각해요. 남자들은 모두 자신을 돌봐줄 누군가를 필요로 하지요. 자신을 돌볼 줄 모르고, 그래서 강한 여성이 필요해요.

내가 보기에 여자는 혼자서 성공할 수 있어요. 여자에겐 언제나 친구들과 가족이 있거든요. 여자는 힘든 상황에 적응하는 방법을 알아요. 자신이 해야 하는 일을 하는 거죠. 여자들은 늘 살아남았고, 그래서 생존자의 본능과 심오한 지식을 갖고 있어요. 아시겠지만, 남자들은 좀 어린애 같잖아요. 자기가 취약하거나 민감한 부분을 몰라요. 힘이 없거나 책임지는 자리에 있지 않으면 뭘 어떻게 할지를 몰라요. 여자들은 쓰러져 있을 때도 강인할 수 있어요. 내 생각엔 그게 진짜 힘이에요.

아시죠? 여자들한테 심오하고 은밀한 지식이 있다는 걸요. 그걸 느끼도록 스스로 허용하기만 한다면 말이에요. 여자들은 삶의 주기에 주파수가 맞춰져 있지요. 여성의 몸과 생체 리듬은 특별해요. 믿을 수 없을 만큼 놀라운 직관이라는 재능도 있지요. 여자들이 남자들보다 더 건강하고, 더 오래 살고, 고통도 감염도 더 잘 견딘다는 글을 읽었어요. 또 배우자를 잃어도 남자들보다 더 잘 극복하지요. 나는 여자들은 경이롭다고, 참으로 경이롭다고 생각해요.

나는 캐런에게 남자들은 정말로 중요한 것에 접근하지 못한다는 사실을 지속적으로 상기시켜요. 이런 사실을 알려주고 캐런이 자신의 심오한 지식과 여성적 힘에 도달하도록 돕는 것, 그게 바로 내 역할이에요. 그래서 나는 캐런이 여성에 대한 책을 읽고 여성 집단에 참여하는 것을 좋아하는 거예요. 그런 활동을 통해 캐런은 자신이 여성이라는 걸 자랑스러워하게 되지요. 캐런이 자기 여성성의 진가를 제대로 알고 감사했으면 좋겠어요. 힘을 빼앗겼다거나 남자보다 '못하다'고 느끼면서 살다니, 그건 정말 말도 안 돼. 웃기는 소리죠."

우리는 가모장이, 내면 가부장의 힘과 균형을 이룰 수 있도록 캐런을 어떤 방식으로 도와주고 있는지를 볼 수 있다. 캐런뿐 아니라 어떤 여성이든지 자신의 내면 가모장을 통해 내면 가부장의 폄하 발언을 반박할 수 있고, 자신의 여성 가계에 진정한 자부심을 느낄 수 있다. 안타깝게도 이는 여성의 삶 속에 있는 남성들을 때로 평가 절하함으로써 얻을 수 있는 결과다. 이런 면에서 가모장은 내면 가부장과 닮았고, 둘 다 선물을 주는 동시에 문제를 일으킨다.

넓은 의미에서 가모장은 남성과 여성 모두에게 전통적인 여성적 가치가 삶에서 얼마나 중요한지를 보여준다. 가모장은 감정과 집과 가족과 공동체의 가치를 수호한다. 일상의 신성함을 지키고, 아무리 많이 배우더라도 조정하거나 바꿀 수 없는 삶의 주기를 지킨다. 가모장은 집단의 안녕보다 개인의 안녕을 소중히 여긴다. 그녀는 자신의 감정과 사랑을 그 무엇보다, 특히 추상적인 원칙보다 우선시한다. 그녀는 자기 가치관이 있고 이에 동조하는 이들과 함께하고자 한다. 그것이 남성들의 세계를 떠나야만 자신처럼 삶을 바라보는 사람들을 만날 수 있다는 걸 의미하더라도 말이다.

이 장에서는 가모장의 모습과 더불어 가모장의 특성과 가치관, 힘이 우리의 정신세계에 균형을 가져다주는 방식을 살펴보았다. 이어 4부에서는 우리 각자의 내면에 존재하는 가부장과 더불어 창조적으로 작업할 수 있는 방법을 살펴보려 한다. 우리의 목표는 대립되는 두 자아가 대변하는 극단적 요소들 사이에서 균형을 잡는 것이다.

균형을 이루게 되면, 우리는 세상을 살아가는 새로운 존재 방식을 추구할 수 있을 것이다. 인간으로서 여성의 잠재력을 온전히 존중하며, 남성과 여성이 평등과 존엄을 기반으로 하는 파트너 관계를 이루는 존재 방식을 말이다.

4부

새로운 길

9장

이분법을 넘어 통합으로 나아가는 지혜

꿈에서 나는 중요한 여성들의 커다란 '보물' 꾸러미를 운반하고 있다. 남녀가 새로운 종류의 파트너십을 이뤄 함께 일하고 있는 그룹에 이걸 전달해야만 한다. 하지만 가는 길이 가파르고 위험하다. 사실 길이 없다. 발 디딘 곳은 무너져 내리고, 바위를 밟은 발이 미끄러진다. 한 발 한 발 내디딜 때마다 모든 의식을 그 순간에 집중해야만 한다. 나는 내 몸과 대지와 관계를 맺어야 한다. 그러지 않으면, 맡은 임무를 완수할 수 없을 것이다.

이전에 이 길을 지나간 이는 남자들뿐이었고, 그들은 의지로 장벽을 밀어붙이고 완력으로 정복했다. 목표에 도달하는 데는 성공했지만, 그들은 여성적인 것은 하나도 가져가지 않았다. 나는 새로운 방식으로 목표에 도달해야 한다. 목표를 향해 가며 분투하는 동안 내가 가진 여

성의 선물을 어느 것 하나 떨어뜨리면 안 된다.

—시드라 스톤

여기서 '새로운 방식'은 무엇이며, 우리는 각자의 특별한 선물을 갖고 어떻게 목표를 향해 나아가야 할까? 지금까지 우리 대부분은 전통적인 남성적 전략에 의지해 이를 이루려 했다. 내면 가부장은 가부장적이고 경쟁적인 세계에서 성공하도록 남녀 모두를 도왔다. 여성들이 남성을 모방하거나, 전통적인 여성성 또는 여성적인 것들을 예찬하며 선천적으로 남자들보다 낫다고 증명하려 든다면 목표에 도달할 수 없을 것이다. 우리가 여성/남성의 이원성을 넘어서 모두가 인간임을 깨달을 때에만 목표에 도달할 수 있다. 우리는 각자 고유한 선물을 가지고 세상에 왔고, 이런 선물을 젠더나 인종, 민족, 종교, 혹은 분열을 초래하는 어떤 집단을 기준으로 구분한다면, 우리는 선물을 온전히 활용하지 못하게 된다.

우선 우리는 내면 가부장이 우리의 적이 아님을 깨달아야 한다. 사실 내면 가부장은 여러 방식으로 여자들을 보호하고 지지한다. 표현하거나 행동으로 옮기는 방식이 우리 눈에 부정적으로 보이긴 하지만, 내면 가부장의 동기는 기본적으로 긍정적일 때가 많다. 지금까지는 내면 가부장이 우리에게 미치는 부정적인 영향을 중점적으로 제시했다. 우리의 자아상과 행동에 그의 부정적인 메시지가 어떻게 영향을 미치는지 함께 살펴보았다.

내면 가부장은 우리가 살면서 만나게 되는 어떤 사람과 같다. 만약 우리가 화를 내거나 분개한다면, 방어적이 되고 싸울 태세를 취한다면, 그 사람을 이기는 걸 목표로 잡는다면, 그는 반격할 것이다. 그리고 그는 아주아주 강하다! 그는 현재를 주시하는 힘을 가지고 있고, 집단의 가치와 판단을 등에 업고 있다. 우리를 둘러싼 문화가 대체로 그를 지지하는 입장을 취하고 있다.

내면 가부장과 싸우는 건 좋은 생각이 아니다. 우리는 이기지 못할 것이다. 그의 힘에 항복하고 그의 딸이 되는 것도 딱히 좋은 생각은 아니다. 그렇게 하면 여성으로서 우리의 힘을 잃어버리게 되고, 우리만의 방식으로 세상에 기여할 수 없게 된다. 우리는 이를 남자들에게 위임하고는 그 결과를 남자 탓으로 돌린다.

가모장은 우리가 자신을 더 긍정적으로 느끼게 해준다. 여성 모임에 참석할 때, 친구들과 이야기를 나누며 동지애와 자매들의 지지를 느낄 때, 남자들의 타고난 재능을 부인할 때, 우리는 여성으로서 우월감을 맛보게 될지 모르지만 세상의 남자들을 잃는 대가를 치르게 된다. 우리의 우월감은 아버지와 아들과 연인을 평가 절하하는 것에서 나온다. 예로부터 내려온 이원적 사고방식이라는 전통을, 우리가 너무나도 싫어하는 남성들의 특성을, 그렇게 해서 계속 갖고 가게 된다.

내면 가부장은 이원론 위에서 번성한다. 그는 여성과 남성이 기본적으로 다르며, 남성이 모든 면에서 우월하다고 본다. 세상을 좋은 것과 나쁜 것으로 구분한다. 남성은 선천적으로 점잖고 선한 반면, 여성은 믿을 수 없는 기질을 타고났고 심지어 사악하다고 본다. 남성을 법의 창조자이자 수호자로 보고, 여성은 법과 질서와 구조를 파괴하는 존재로 여긴다. 우리가 내면 가부장과 싸우며 그를 나쁜 사람으로 만들어버린다면, 그저 그의 선례를 따르게 되는 것이다. 우리는 나름의 새로운 길을 만들어나가야 한다.

이 길은 이원성을 넘어 통합으로 나아가는 길이다. 통합은 항상 반대편마저 포용할 수 있다. 이원성 안에서 살아갈 때는 언제나 '우리'와 '그들'이 있다. 이 경우 여성과 남성, 또는 가모장과 가부장이다. 반대를 넘어설 때, 우리는 인류라는 더 넓은 '우리'로 정의될 수 있다. 4부에서는 이 새로운 길을 따라가본다.

이 길로 향하는 첫 단계는 내면 가부장이 늘 나쁜 것은 아니라는 인식이다. '내면 가부장의 긍정적인 측면'을 설명하는 이번 장에서는 내면 가부장이 기여하는 바와 긍정적인 동기를 알아볼 것이다. 여성이 내면 가부장의 염려로부터 무엇을 배울 수 있으며 그가 가진 선물에서 어떤 혜택을 누릴 수 있는지 알게 된다.

그의 긍정적인 면들을 살펴보는 데 가장 중요한 점은 우리가 적대적인 역할에서 협력적인 역할로 옮겨 간다는 점이다. 우리는 이원성을 넘어 어떻게 하면 양극 사이에서 살아갈 수 있을지 고려하는 차원으로 옮겨 가기 시작한다. 이 경우 한쪽 팔은 내면 가부장에게, 다른 팔은 내면 가모장에게 두른 채 서 있는 상태라 할 수 있다. 그들은 더 이상 명령을 따라야 하는 권위적인 존재가 아니고, 협력과 자문을 구할 수 있는 대상이 된다.

다음 단계는 반대되는 것들을 고려하는 것이다. 내면 가부장과 내면 가모장은 분명 이 세상에 대해 대립하는 견해를 갖고 있지만, 여성의 내면에는 내면 가부장을 보완하는 역할을 하는 자아들이 존재한다. 이는 11장 '내면 가부장 활용하기'에서 살펴볼 것이다. 우리가 반대쪽 극단을 명확하게 공식화할수록, 내면 가부장이 힘의 균형을 이루기도 쉬워지며 그가 사는 이원론적 세계를 넘어서기도 한층 쉬워진다.

이원성을 넘어설 때 우리는 '깨어 있는 에고^{Aware Ego}'라는 완전히 새로운 영역으로 들어선다. 이 영역에 대해서는 12장 '이원성을 넘어서, 깨어 있는 에고'에서 다룰 것이다. 또한 내면 가부장을 적에서 협력자로 전환하는 깨어 있는 에고의 주요 역할에 대해서도 다룰 것이다.

마지막으로, 이 새로운 영역을 여행하기 위해서는 완전히 새로운 기술이 필요하다. 이 기술은 13장 '가부장의 딸, 독립하다'에서 논의할 것이다. 이런 기술은 젠더에 국한되지 않고, 특정한 신체적 혹은 정신적 역량이 있어야만 가능한 것도 아니다. 남성도 여성도 이런 기술을 처음부터 탁월하게 사용하도록 태어나지 않았다. 이 또한 남편과 내가 공동 작업해온 분야로, 관련 내용의 상당 부분을 남편이 직접 고안했다.

이를 염두에 두고, 이제 새로운 길을 따라 움직여보자.

10장
내면 가부장의 긍정적인 측면

누가 훌륭한 아내를 찾아 얻겠느냐. 그 가치는 진주보다 귀하니라. 남편은 그를 마음으로 신뢰하고 소득이 모자라지 아니하겠으며 그 아내는 한평생 남편에게 선을 행하고 악을 행하지 않느니라. (…) 식구들에게 음식을 만들어주고 여종들에게 분부를 내리며 (…) 가난한 이에게 손을 펼치고 불쌍한 이에게 손을 내밀어 도와주며 (…) 능력과 존귀로 옷을 삼고 후일을 웃으며, 입을 열면 지혜이고 자상한 가르침이 그 입술에 배어 있으며 집안일을 두루 보살피고 놀고먹는 일이 없나니 자식들이 일어나 감사하고 남편은 칭송하기를, 훌륭한 일을 한 여인들이 많지만 당신은 그 모든 이보다 뛰어나다 하느니라. 우아함은 거짓이고 아름다움도 헛되나 주님을 경외하는 여인은 칭송을 받을 것이라. 그 손이 거둔 결실이 그에게 돌아갈 것이요, 그가 한 일을 성문에서 칭송하리라.

앞에서 우리는 내면 가부장이 어떻게 여성을 폄하하는지 중점적으로 살펴보았다. 그는 여성이 남성보다 선천적으로 열등하다고 생각하고, 여성이 세상에서 성공할 가능성은 희박하다고 본다. 때문에 여성들이 자신의 잠재력을 온전히 실현하기 위한 과정을 밟아나가지 못하는 경우가 많다.

그러나 외부의 가부장제는 다양한 방식으로 여성을 지지하고 보호하기도 한다. 내면 가부장의 보호하고 지지하는 면과 접촉이 이루어진다면, 우리는 자신의 경계를 유지할 수 있고 또 필요할 때는 방어도 할 수 있다.

또한 가장 먼저 여성이 안전하게 지지를 받으며 이 문제를 탐색할 수 있었던 곳이 오로지 (우리가 논하는 종류의) 가부장제가 강한 제1세계 국가에서였다는 사실도 흥미롭다. 가부장제의 가치관에 의문을 제기하는 능력이 우리에게 있는 것도 부분적으로는 바로 그 가부장제의 가치관이 제공한 보호 덕분이다.

규칙을 만든다

현재 재검토 대상인 바로 그 규칙과 가치관이 여성을 보호해주었다. 외부의 가부장제뿐 아니라 내면 가부장도 자기 자신을 규칙 입안자rulemakers로 여긴다. 삶의 많은 영역에서 그들은 혼돈에서 질서를 끌어낸다. 질서가 잘 유지되고 규칙이 준수되도록 한다. 이 규칙이 우리가 살아가는 세상의 구조를 형성했다.

여기서 규칙이란 단순히 권력을 행사하고 다른 이를 통제하기 위한 방식이 아님을 이해해야 한다. 규칙에서 질서와 예측 가능성과 안전이 생성될 수 있다. 내면 가부장의 규칙 입안 측면을 고려할 때, 규칙이 다수의 동의를 정의한다는 점을 기억해야 한다. 예를 들어, 운전자들은 한쪽 방향에서 운전을 하고 붉은 신호등에는 멈추기로 동의했다. 입헌 정치는 보편적으로 느끼는 일련의 가치를 규칙이라는 형태로 정의하고 수호하는 방식을 의미한다.

내면 가부장은 문화에 내재한 전통 규칙을 옹호하는 이로서 질서와 안전, 안보, 예측 가능성과 통제를 목표로 한다. 내면 가부장의 규칙이 준수된다면 사회는 늘 그래왔던 대로 기능할 것이고, 우리 모두는 각자의 자리를 지킬 것이다. 내면 가부장은 누군가 자신의 규칙에 의문을 제기하면 극도로 불안해한다. 무슨 일이 일어날까 봐 두려워하고 규칙을 따르지 않아 세상이 혼란에 빠지는 걸 진심으로 두려워한다. 그는 외부 세계에서 강제하는 규칙을 준수하지 않는 사람을 불신한다. 인간이 악을 행할 수 있다는 걸 알고 있다.

여성의 안전을 최우선시한다

긍정적인 면에서 내면 가부장은 여성의 전통적인 역할을 존중하고, 여성이 자신의 의무를 이행하는 동안 존경과 지지와 보호를 받을 권리가 있다고 여긴다. 그는 여성에게 세상에 나가 남성과 경쟁하라고 요구하지 않는다. 대신 그는 여성이 집에 있고 적절하게 보살핌을 받을 때 편안하게 느낀다.

내면 가부장은 남성의 세상에서 사는 여성의 안전에 매우 신경을 쓴다. 그는 여성의 육체적·정서적 연약함과 삶이 주는 위험과 어려움을 알고 있다. 그는 여성이 삶을 혼자 헤쳐나가는 것을 원치 않는다. 여성이 홀로 맞설 수 없을 거라 여기기 때문이다.

따라서 최선의 해결책은 남편을 찾는 것이라는 결론에 도달한다. 실제로 내면 가부장이 여성의 배우자 선택에 관해 얘기하는 걸 들으면 매우 흥미롭다. 기본적으로 내면 가부장은 세상에서 우리를 보호해줄 강한 남성을 만나길 원한다. 그는 남성적 힘이 없는 남성을 못마땅해한다. 남성의 감정이나 감정을 다루는 능력, 민감성 등에는 별로 관심이 없다. 단지 남성이 여성을 보호해줄 수 있는지 여부를 알고 싶어 한다. 우리가 강한 남자에게 본능적으로 끌릴 때, 설령 그 것이 감정을 어루만질 수 있는 남성을 만날 기회를 놓치는 선택일지라도 끌리는 건 그래서다. 그때 바로 내면 가부장의 이런 욕구를 감지할 수 있을 것이다.

내면 가부장은 여성의 삶 속에 강한 남성이 자리하기 전까지는 안심하지 못한다. 가급적이면 가부장적 힘을 제대로 취해 자신의 의무와 걱정거리를 넘겨받을 수 있는 남성을 선호한다. 오늘날 여성들은 남자에서 전통적으로 남성적이지 않은 특성들을 찾으려는 경향이 있는데, 이 점을 여성의 내면 가부장은 상당히 불편해한다. 여성이 바라는 것과 그녀의 내면 가부장이 원하는 것 사이의 불일치로 남성은 큰 혼란을 겪을 수 있다. 섬세함과 이해심을 요구받은 남성이 정작 이를 실행에 옮기면 결국 거부당하는 것이다. 그는 여성이 원하는 게 무엇인지 더 이상 갈피를 잡지 못한다. 이에 대해 앞서 4장에서 간략하게 언급했다. 이제 알렉산드라의 삶 속에서 이런 요소가 어떻게 작용하는지 살펴보자.

알렉산드라는 전문직 여성으로, 관계에서 자신이 원하는 것에 대해 꽤 확신하고 있었다. 심리 분석을 거친 결과 그녀는 자신이 아버지와는 다른 남자를 원한다고 확신했다. 그녀는 남성이 자기 감정에 가 닿을 줄 알고 그녀의 감정에도 민감하게 반응하기를 바랐다. 삶에서 동등한 관계를 이룰 파트너를 원했다. 그렉을 만났을 때, 그는 완벽한 짝처럼 보였다. 그는 감성적이고 그녀를 존중했다. 그들은 몇 시간이고 대화하며 감정과 생각을 나눴다. 그들은 거의 모든 것에 의견이 일치했고, 그렉은 그녀와 함께 울기도 했다.

하지만 무언가 알렉산드라를 괴롭히는 듯했다. 그녀는 큰 혼란을 느꼈다. 그렉이 모든 면에서 자신이 원했던 남자였는데도, 자신이 바란 바로 그런 특성에 그녀 자신이 아주 비판적이라는 걸 깨달았다. 그녀의 내면 가부장과 이야기를 나누면서 우리는 문제를 찾아냈다. 다음은 알렉산드라의 내면 가부장이 그렉의 풍부한 감수성에 대해 한 말이다.

시드라 그렉이 속상해할 때 어떤 말을 하나요?

내면 가부장 뭘 잘못했는지 묻고 상황을 바로잡기 위해 빨리 조치를 취하라고 알려주지요. 예를 들어 그가 눈물을 흘릴 때 알렉산드라가 뭔가를 잘못한 게 틀림없다고 말해줍니다.

시드라 그렉이 우는 것에 대해 어떻게 느끼세요?

내면 가부장 맘에 안 들어요. 아주 불편해요. 알렉산드라의 아버지는 불평할 때 절대 울지 않았어요. 감정 기복을 보이지 않았고 진지했고 잘못된 업무에 대해서만 불평했어요. 알렉산드라의 아버지는 절대 눈물을 보이지 않았어요. 그녀의 어머니나 그랬지요.

우선 우리는 내면 가부장의 규칙들이 그저 규칙일 뿐임을 기억해야한다! 만일 남자가 행복하지 않으면 그건 여자의 잘못이고 따라서여자는 즉각 상황을 바로잡아야 한다. 동성 친구와 감정을 나누고친구의 슬픔에 공감하는 것은 좋다. 하지만 남자친구라면 상황이 다르다. 가만히 앉아 그가 슬퍼하도록 내버려둘 수 없다. 반드시 그의문제를 해결해야 한다. 남자가 슬픈 건 당신이 제대로 된 여자가 아니라는 신호다. 당신의 남자가 슬프다면 당신은 어떤 식으로든 그에게 잘못한 것이다.

두 번째로, 알렉산드라의 내면 가부장은 그렉을 전혀 존중하지 않았다. 내면 가부장은 알렉산드라가 진짜 남자(자신의 힘을 행사할 줄 알고 감정에 휘둘리지 않으며 필요할 때는 강해질 수 있는)를 만나기를 원했다.그는 그렉이 눈앞의 임무, 즉 알렉산드라를 보호하는 임무를 수행하기에 부적절하다고 보았다. 언급할 필요도 없이 이런 이중 메시지는그대로 그렉에게 전해졌고 그를 상당히 불편하게 만들었다.

알렉산드라가 양가감정의 근원을 발견하자, 그녀는 내면 가부장의 불편함을 직접 다룰 수 있었다. 그렉과 알렉산드라는 함께 그들의 내면 가부장이 공유하는 긍정적인 의도를 살펴볼 수 있었고, 둘의 관계를 보호하고 돌보기 위해 협력했다.

내면 가부장은 딸의 안녕을 염려하는 아버지와 같다. 그는 딸이 안전해야만 마음을 놓는다. 내면 가부장이 '진짜 남자', 곧 그녀를 제대로 돌봐줄 수 있을 거란 확신이 드는 상대를 찾는 일은 그녀를 보호하고 그녀의 미래를 안전하게 지키기 위한 노력이다. 여성이 혼자서든 관계 안에서든 완전히 안전하고 안정된 상태에 있다는 판단이 드는 순간에야 비로소 내면 가부장은 쉴 수 있다. 이 부분에서 자기 역할을 다한 것이다. 이후 그는 아버지보다는 컨설턴트가 되어 지속적으로 긍정적인 조언을 하고 지지를 보낸다.

성적으로 해로운 상황에서 여성을 보호한다

내면 가부장은 여성 자신과 다른 사람의 섹슈얼리티로부터 여성을 보호하는 책임을 진다. 무엇보다 내면 가부장은 섹슈얼리티를, 특히 여성의 섹슈얼리티를 무서워한다. 그는 맘대로 하도록 내버려두면 여자들이 걷잡을 수 없이 난잡해져 통제 불능 상태가 될까 봐 두려워한다. 또한 여성의 통제되지 않은 섹슈얼리티나 관능성이 남자들에게 미칠 영향을 두려워한다. 여자가 남자를 통제할 수 없는 지경으로 밀어붙일까 봐 걱정한다.

어린 소녀의 관능성이 개화하면 소녀의 내면 가부장은 통제력을 발휘하기 시작한다. 우선 가정에서 일어날 위험에 촉각을 곤두세운다. 그는 소녀의 타고난 관능성을 두려워한다. 소녀가 추파를 던지는 식으로 자기를 표현할까 봐 노심초사하고 소녀의 섹슈얼리티를 비난하며, 심한 경우 그녀의 성에 대해 모욕적인 말을 하기도 한다. 내면 가부장은 소녀에게 관능성이란 위험한 것이며 그것을 온전히 표현했다가는 골칫거리가 생길 거라고 알려준다. 심지어 소녀의 관능성이 참으로 역겹고 부정되어야 마땅하다고까지 말한다.

내면 가부장은 소녀의 어린 시절, 보통 대여섯 살 즈음에 힘을 얻게 된다. 이때 소녀의 관능성이나 성에 관해 내면 가부장이 특히 걱정하는 세 가지 상황이 있다. ① 아버지가 약물을 남용하고 충동을 억제하지 못하는 가정. 이 경우 딸을 성적 학대로부터 보호하는 것은 종종 딸의 내면 가부장이다. ② 부부 사이가 좋지 않은 아버지가 자신의 일차적 사랑과 친밀감을 딸에게 전이하는 가정. 이 경우 딸의 내면 가부장은 잠재적 위험을 감지하고, 다정함과 친밀함을 보호하면서도 혹시 모를 성적 관계를 피하기 위해 일찍부터 딸의 관능성을 억제시킨다. ③ 섹슈얼리티에 대한 도덕적 명령이 아주 엄격한 가정. 딸의 내면 가부장은 딸이 가족의 일원으로 받아들여질 수 있도록 이런 명령을 받아들이며 강화한다.

안타깝게도 이런 보호 기제는 소녀의 섹슈얼리티를 부정하는 형태로 나타날 때가 많다. 졸리의 예를 들어보자. 처음 우리와 작업하러 왔을 때 그녀는 자신의 섹슈얼리티를 극도로 불편해했다. 그녀는 과체중이었고, 전혀 신경을 쓰지 않은 듯한 옷차림을 하고 있었다. 성적 도발의 가능성을 없애기 위해 자신이 할 수 있는 모든 방법을 동원한 것이다. 이 점에 대해 내가 그녀의 내면 가부장과 이야기를 나눴을 때, 그는 자신이 졸리의 섹슈얼리티를 억누르고 있다는 데 동의했다. 자신이 여성의 섹슈얼리티를 얼마나 혐오스럽게 여기는지를 매우 장황하게 설명했고 다른 남성들도 동의할 거라고 했다.

그토록 비판적이고 통제하려 드는 이유에 대해, 졸리의 내면 가부장은 그녀의 아버지가 술을 좋아했고 딸을 좀 과하게 사랑한 반면 아내는 별로 좋아하지 않았다고 가장 먼저 지적했다. 내면 가부장은 졸리의 섹슈얼리티를 억누르는 게 아주 중요하다고 느꼈다. 그러지 않았다면 졸리의 섹슈얼리티가 그녀의 아버지에게 너무나도 큰 유혹이 되었을 것이고 근친상간의 경계를 넘었을 것이라고 확신했다. 졸리와 아버지 모두 이렇게 내면 가부장의 보호를 받았다.

로티의 내면 가부장도 로티의 섹슈얼리티에 대해 비슷한 고민을 했다. 그는 로티를 아버지한테서 보호하기 위해 무언가를 해야만 했다. 그는 말했다. "정말 생기 넘치는 어린 소녀에게서 화려한 색채를 걷어내야만 했어요. 로티는 정말 생기가 넘쳤는데, 너무 생기가 넘친 나머지 아버지가 로티를 학대하고 있었거든요." 생기가 빠져나가자 로티는 아버지로부터 안전해졌다. 그녀는 남자아이들하고만 어울리고 남자처럼 놀고 행동했다. 로티는 오직 혼자 있을 때만 생기를 찾았다. 내면 가부장은 로티를 보호하기 위해 그녀가 자신의 아프로디테적인 본성을 외면하게끔 만들었다. 그녀는 자신의 섹슈얼리티를 수치스러워하게 되었고, 아름답다거나 섹시하다는 말을 듣는 것을 최악이라고 생각했다. 그런 말을 들으면 창피하고 부끄러워서 울곤 했다. 이런 가부장의 대응이 가혹하게 보일 수도 있지만 로티의 내면 가부장은 아주 해로운 상황에서 그녀를 보호하기 위해 자신이 할 수 있는 일을 한 것이었다.

이 시점에서 근친상간 금기를 수호해온 내면 가부장들을 칭찬해주고 싶다! 아버지 자신의 집에 사는 딸, 태어나는 순간부터 사랑해온 딸이 여성으로 피어날 때 아버지의 성적 행동을 통제할 일차적 책임은 아버지의 내면 가부장에게 있다.

가정을 지킨다

결혼이 평생 지속되고 가족이 신성시되어 50퍼센트에 달하는 이혼율을 걱정하지 않아도 되던 '좋았던 시절'을 추억할 때, 우리는 내면 가부장에게 감사의 말을 전할지도 모른다. 내면 가부장은 끈질기게 남녀 관계를 지지하고 보호한다. 사실 그는 좋은 관계를 유지하는 데 필요한 요소가 무엇인지 상당히 잘 알고 있다. 그런 요소를 젠더를 기준으로 나누긴 하지만 말이다. 내면 가부장은 관계 유지를 여성의 최고 소명으로 본다. 그는 결혼이라는 관계를 진정 성스러운 것으로 보고 여성이 온 힘을 다해 이를 지키도록 한다. 우리 안에 살아 있는 그는 가정을 지키는 충실한 수호자로, 그 어떤 것도 가정을 깨는 핑계가 될 수 없다고 본다.

하지만 관계를 어떻게 지켜야 하는지에 대해 내면 가부장은 전통적 입장을 고수한다. 예를 들어, 내면 가부장은 관계에 있어서 여성적인 행동이란 수용적이고 자기주장을 하지 않는 태도, 감정, 직관, 양육, 나약함, 의존성 등이라고 생각한다. 대신 여성은 보호받고 보살핌을 받을 권리가 있다. 남자와 있을 때 여자가 어떻게 행동해야 하는지 질문하자 노라의 내면 가부장은 이렇게 답했다.

내면 가부장 나는 노라가 엄마를 더 본받았으면 좋겠습니다. 노라의 어머니는 남자랑 있을 때 어떻게 해야 하는지를 알았어요. 언제나 제자리를 지키면서 관심을 보여줬지요. 노라의 아버지는 저녁에 집에 오면 안락의자에 앉아 하루가 얼마나 힘들었는지 말하곤 했어요. 그러면 노라의 어머니는 그 말에 공감해주었고요. 아주 좋았지요. 하지만 노라는 자기 어머니 같지 않아요. 남자를 돌보는 법

을 모르죠. 돌본다고 해도 차갑고 공감을 보이지도 않아요. 여자가
되는 법을 모른다니까요. 노라의 어머니는 남자를 돌보는 법을 알
았어요. 어머니는 한 남자와 결혼해서 평생 함께했는데, 노라는 너
무 이기적이라 남자들이 다 떠나버릴 거예요. 노라는 남편을 떠났
고 아이들에게 돌이킬 수 없는 상처를 줬어요. 그래서 난 노라를
절대 용서할 수 없어요.

시드라 아이들에게 무슨 문제라도 있나요?

내면 가부장 겉으로 보이진 않지만 속은 달라요. 아이들은 결코 그
상처를 극복하지 못할 거예요. 전부 노라의 잘못이라니까요.

표면상으로 노라의 내면 가부장은 노라에게 매우 엄격하고 그녀를
깎아내리지만 그의 긍정적인 의도와 그의 말에 담긴 유용한 메시지
를 잊어서는 안 된다. 그는 그녀가 남편을 잘 돌보았으면 한다. 그래
야 남편이 그녀를 돌보고 싶어 할 것이기 때문이다. 내면 가부장은
노라가 좀 더 챙기고 보살피고 지지하는 태도를 보이기를 원하는 노
라 내면의 목소리 중 하나다. 자신의 희생을 촉구하는 여성 내면의
목소리는 과거에 분명 통제 불능 상태였다! 그렇지만 이런 목소리는
가족 제도 안에서 구성원들이 필요로 하는 정서적인 따뜻함과 지지
를 얻도록 돕는 가치 있는 특질이다.

내면 가부장이 여성에게 많은 것을 기대한다는 점이 눈에 띄었을
것이다. 하지만 그는 남성에게도 많은 것을 기대한다. 여성에게 원
하는 것과는 대조적으로 남성에게는 강인함과 공격성, 자기주장, 경
제적 책임, 다른 사람의 안전과 안정에 대한 책임, 객관성과 감정을

억누르는 능력을 요구한다. 그러면 남녀 관계와 가족이 적절하게 보호될 것이라고 내면 가부장은 생각한다.

그럼에도 남성과 여성은 서로를 원한다

흥미롭게도, 남녀에게 다르게 적용되는 일련의 행동 규칙과 명확히 구분된 젠더 역할 때문에 남녀가 서로에게 끌리는 상황이 생긴다. 남성과 여성은 서로를 보완해주고 상호 의존적이다. 모두가 이 규칙을 지킨다면 완전함을 위해 남녀 모두 서로가 필요하다. 어느 쪽도 혼자서는 잘 지내지 못할 것이다.

앞서 우리는 관계에서 일차적인 자아와 외면당한 자아에 관해 이야기했다. 일차적 자아는 세상에서 우리를 보호하기 위해 발달한 자아다. 우리의 성격을 구성하는 요소로, 우리를 우리답게 만든다. 반대로 외면당한 자아는 일차적 자아와 상반되는, 우리가 거부한 자아다. 일차적 자아로서 삶을 살아갈 때 우리는 외면당한 자아에서 나온 선물에 접근할 수 없다.

마치 잃어버린 신비한 것을 회복할 길을 찾기라도 하듯 우리는 우리에게 외면당한 자아들을 가지고 있는 사람에게 어쩔 수 없이 끌린다. 그들을 사랑하고 과대평가하고 판단한다. 성장하는 과정에서 외면당한 자아들의 어떤 측면을 통합해야 한다. 외면당한 자아들이 우리 삶을 차지하게 하자는 뜻이 아니다. 당치도 않다! 외면한 자아가 될 필요는 없다. 예를 들어, 여자가 내면 가부장을 무너뜨리고 남자가 될 필요는 없지만 균형과 선택지는 필요하다. 이를 어떻게 하면 이룰 수 있을지, 어떻게 행동하면 우리 삶 속의 남자들까지 자유롭게 할 수 있는지는 뒷부분에서 다루도록 하겠다.

이제 내면 가부장이 어떻게 남녀 관계를 그토록 중요하게 만드는지 살펴보자. 내면 가부장이 명확히 구분된 역할을 강조하면서 즉각적으로 외면당한 자아들이 만들어진다. 이것은 남성과 여성이 서로에게 끌리도록, 자신을 완성하기 위해 만나도록 한다. 여성인 우리는 외면당한 우리 안의 남성을 남자에게서 찾는다. 반대로 남성은 외면당한 자기 안의 여성을 여자에게서 찾는다. 외면당한 자아를 향한 끌림은 종종 불가항력처럼 느껴진다. 이것이 과거 그렇게나 흔했고 찬양의 대상이 되었던 '나의 반쪽'이라는 강렬한 감정이다.

남자에게도 내면 가부장이 필요하다

여성운동이 탄력과 힘을 얻으면서 점점 더 많은 남성이 가부장제와 남성적 가치가 파괴적이라는 말을 듣게 되었다. 상당수 남성이 가해자가 되는 게 두려웠던 나머지 전통적으로 여성적이라고 여겨진 일차적 자아를 포용하여 내면 가모장의 목소리에 귀를 기울이는 한편, 내면 가부장을 외면했다. 이는 심각한 문제가 될 수 있는데, 남성과 여성 모두 내면 가부장의 힘이 필요하기 때문이다. 게다가 자신의 내면 가부장을 외면한 여성은 내면 가부장을 외면한 남성 안에서 이를 찾을 수 없을 것이다.

다음은 실제로 자신의 내면 가부장을 외면해온 버트와 목소리 대화법을 통해 나눈 대화이다. 버트는 외부의 가부장제를 부정적으로 보는 영적 집단과 함께 생활하면서 내면 가부장과 그의 요구를 체계적으로 묵살해왔다. 과거 그에게 남자답게 사는 법을 알려준 가부장의 강인함과 지침이 없어지자, 버트는 불안하고 자신없고 집중력이 부족한 사람이 되었다.

시드라 버트가 관계 속에서 어떻게 행동해야 하는지에 대해 당신이 정해놓은 규칙들을 말해주세요.

버트의 내면 가부장(이 순간 외면당한 자아) 버트는 남자가 되어야 합니다! 나는 버트가 창피해요. 그렇게 쉽게 우는 게 창피하다고요. 그는 관계를 지속하면서 흘릴 눈물을 초반 몇 달 새 벌써 다 흘려버렸어요. 버트가 울면 난 너무 난처합니다. 나도 변했어요. 그래서 남자도 감정을 가질 수 있다고 믿지만 거기에 끌려 다녀선 안 됩니다. 버트는 너무 무르고 감정이 과해요. 그는 영적 공동체와 옛 관계를 잃은 일로 아직도 끙끙대고 있지 않습니까. 그걸 멈추지 않으면 이 여자도 떠날 겁니다. 그는 언제나 느끼고 또 느끼고 곱씹고 또 곱씹어요.

시드라 버트가 여자였다면 여전히 상실을 애도하고 있어도 괜찮은가요?

가부장 그렇죠. 여자라면 더 오래 애도하고 더 많이 느낄 거예요. 하지만 버트는 지금쯤은 끝냈어야지요. 그는 힘이 없어요. 남자는 강해야 하는데.

시드라 당신에겐 힘이 있다고 생각하시는군요.

가부장 그럼요. 진짜 남자는 등이 강철 같아야 해요. 삶이 무엇을 주든 다 짊어질 수 있어야 한다고요. 무슨 일이 일어나든 남자는 강해야 합니다. 버트는 약골이에요! 늘 감정에 빠지고 불평해요.

시드라 직장에서는 어떤가요? 휴가 가기 전에 정말 많은 일을 했잖아요. 버트가 다른 방식으로 일하길 바라나요?

가부장 나는 버트가 우선순위를 세우고 그걸 끝까지 지켰으면 좋겠어요. 좀 집중했으면 하고요. 근데 버트는 감정을 느끼고 흐름을 따라가느라 너무 바빠요. 나는 규율이란 걸 믿습니다. (매우 강조하며 객관적 말투로) 나는 버트가 모든 걸 검토하고 만약 자신이 5주 동안 떠나 있으면 무슨 일이 터질지 알았으면 좋겠어요.

나는 버트가 이런 것들을 살펴보게 합니다. 다 끝내지 못한 일이 있다면 일거리를 집에 가져가게 해서 자리를 비운 동안 일이 터지지 않게 하죠. 휴가 중에 일을 끝낼 수 있어요. 나머지에 대해선 그냥 내버려두라고 할 겁니다. 버트는 자기가 모든 걸 끝낼 수 있다고 생각해요. 그건 불가능해요. 버트는 뭐든 그냥 내버려두는 걸 겁냅니다. 아까 말했듯이 너무 감정적이거든요.

예를 들어볼게요. 버트는 너무 불안해서 하드디스크를 전부 백업하고 싶어 하잖아요. 지난 6년 동안 한 번도 안 했던 건데 그걸 휴가를 떠나려는 지금에 와서 하려고 한다고요. 타이밍 한번 죽이지 않습니까. 정말 중요한 건 지난 며칠 사이에 다 백업이 되어 있어요. 이제 백업한 걸 안전한 곳에 가져다 두기만 하면 돼요. 다른 건 신경 쓸 필요 없지요.

이 내용은 긴 세션에서 발췌한 일부에 불과하다. 버트의 가부장은 삶,

직장, 더 나은 조직을 위해 많은 추가 제안을 했다. 세션 결과 버트는 자신이 빈대 잡으려다 초가삼간을 다 태우곤 했다는 걸 깨달았다. 그에게는 내면 가부장에게서 나오는 집중력과 객관성이 필요했다.

버트는 자신의 가부장을 되찾을 수 있었고 이는 버트 자신뿐 아니라 아내에게도 큰 안도감을 주었다. 가부장 덕분에 버트는 좀 더 조직적이고 덜 근심하며 더 편하고 권위 있는 삶을 살게 되었다. 버트가 가부장이 된 것은 아니다. 그냥 내면 가부장을 되찾아 그의 조언을 따를 수도, 거부할 수도 있는 자문가로 삼았다. 내면 가부장을 삶의 자문가로 '고용'하면 우리는 그의 의견을 경청하고 그가 하는 조언의 장단점을 저울질해볼 수 있다. 맹목적으로 순응할 필요도, 또 가부장을 거부할 필요도 없다. 그에 맞서 싸우느라 불안하거나 부적절함을 느낄 필요도 없다.

여자에게 내면 가부장의 도움이 필요할 때

내면세계를 탐색하다 보면 놀랄 때가 많다. 무엇을 발견하게 될지 결코 알 수 없기 때문이다. 놀랍게도 내면 가부장은 남성에 대해 맞는 말을 하는 경우가 많다. 결국 내면 가부장도 남자다. 그가 말하는 것처럼 우리 여성은 관계를 돌보고 키우기 위해 내면 가부장의 도움을 받아야 한다.

나는 남자를 제대로 사귀어본 적이 없는 코린과 관계에 대해 논의하다가 이를 처음 알아차렸다. 코린은 남녀 관계에 관한 한 뭐 하나 제대로 되는 게 없어 보였다. 좋은 친구인 남자는 많았지만 연인은 없었다. 이에 관해 얘기하다가, 코린의 어머니가 자기 어머니에게 배운 교훈을 딸에게 물려주지 않으려고 매우 신경 썼다는 걸 알게 되었다.

코린의 어머니는 코린이 남녀 관계에서 자유롭고 동등한 위치에 있었으면 했다. 전통적으로 여성은 가족 안에서 남성의 희생자였고 코린의 어머니는 이 전통이 지속되지 않길 바랐다. 그녀는 역사적으로 또 개인적으로 여성이 희생자가 되었음을 알게 되었고, 어떤 '낡은 가부장적' 가치도 코린이 배우지 못하도록 아주 조심했다. 실제로 어머니의 생활 방식에서 코린은 가부장적 가치를 접할 일이 없었다.

이는 놀라운 결과로 이어졌다. 코린은 남자와 함께 있는 법을 알지 못했다. 그녀는 여성스러운 것에 대해 전혀 이해하지 못했다. 자신을 독립적이고 동등한 여성과 동일시하였고 내면 가부장은 완전히 외면했다. 내면 가부장은 그녀의 삶에서 이슈조차 되지 못했기 때문에 코린은 무척 힘들어했다. 다른 여성들에게 남자를 끌어당기고 관계를 유지하는 능력이 있는 건 분명히 알 수 있었지만 그들이 무얼 하는지는 알지 못했다.

나는 내면 가부장이 남성 조언자로서 제공하는 기본적인 정보조차 코린이 알아차리지 못한다는 걸 알 수 있었다. 정보가 있다고 해서 그녀가 모든 정보에 귀 기울여야 한다거나 희생자가 되어야 한다는 뜻은 아니다. 하지만 기본적인 정보 부족으로 그녀는 현명한 선택을 할 수 없었다! 게다가 옛말에도 있듯 "규칙을 깨뜨리기 전에 그것을 숙지하는 건 언제나 도움이 된다."

코린과의 첫 만남 이후 나는 자신의 내면 가부장과 전혀 접촉이 없는 여성을 여럿 만났다. 그들 모두 남성과의 관계에서 비슷한 어러움을 겪고 있었다.

힘의 남용

지금까지 내면 가부장이 개인의 삶에서 우리를 지지하는 방식에 대해 이야기했다. 이제 외부로 눈을 돌려 좀 더 큰 그림을 보고자 한다. 내면 가부장의 우려 중 하나는 힘의 남용이다. 가부장제 법률 제도는 사람들에게 힘을 균등하게 배분하고자 한다. 힘의 적절한 균형을 고려한다.

내면 가부장이 힘의 균형이라는 문제에 민감하기 때문에, 그는 여성이 자신의 위치를 불공정하게 이용하려 든다고 느끼면 언제든지 여성을(이 문제에 있어서는 남성까지도) 통제하려 들 것이다. 3장 '내면 가부장과 권력'에서 보았듯이, 그는 여성의 힘을 과도하게 억누르려 하기는 했지만 그의 경고가 적절했던 때도 있었다. 빈대 잡으려다 초가삼간을 다 태우지는 말도록 하자.

우리 여성들은 지난 30여 년간 우리가 가져야 마땅한 힘을 넘겨받을 필요가 있었다. 너무 멀리 가는 게 아닌지 걱정하지 않으면서 말이다. 여성들이 살아온 체제는 기본적으로 여성을 존중하지 않고 완전히 지배하려 들며 여성의 삶에 대한 어떤 권리도 힘도 통제권도 주지 않았다. 많은 경우 여성들은 내어줄 생각이 없는 사람들한테서 힘을 돌려받기 위해 전사가 되어야 했다. 의식을 완전히 바꾸어야 했다. 공정함이나 절제나 균형을 생각할 겨를이 없었다. 여성운동을 이끌고 우리를 이 멀리까지 데려온 여성들은 칭송받아 마땅하다. 그리고 여전히 잔존하는 불평등이나 낡은 불평등의 재등장에 민감해야 한다.

하지만 우리 여성들은 더욱 균형 잡힌 관점으로 옮겨 갈 수 있을 만큼 충분히 많이 왔다. 과거에 여성들은 끊임없이 경계하며 반응해야 했다. 이제는 균형과 공정함에 대해 생각할 수 있다. 자신뿐 아니라 반대되는 관점도 바라볼 수 있을 정도의 여유가 있다. 만약 우리가 항상 옳고 힘이 세고자 한다면 불공정하고 불균형해질 우려가 있다. 어쩌면 불필요하게 다른 사람의 질투와 분노를 살 수도 있다. 내면 가부장이 갖고 있는 공평함에 관한 규칙과 힘의 남용에 민감해져야, 다른 사람의 질투와 힘으로부터 여성을 지킬 수 있다.

인간미가 중요하긴 하지만

내면 가부장은 집단에게 무엇이 가장 득이 될지 주의를 기울이고 이를 개인의 이득보다 우선시하는 내면의 목소리다. 따라서 집단은 보호받고 생존이 보장된다. 그는 여성을 혼자 내버려두면 여성이 문명의 규칙을 무시하고 적절한 자기 수양을 하지 않을까 봐 걱정한다.

내면 가부장은 인간미가 없기 때문에, 상황에 감정적으로 반응할 때 발생할 만한 위험을 계산할 수 있다. 예를 들어 어떤 사람이 위험에 빠져 있을 때 이 한 사람을 구하는 것이 집단을 위태롭게 한다고 해보자. 내면 가부장은 도움이 필요한 사람을 버리는 결정을 할 수 있다. 꿋꿋하게 버틸 수 있게 하는 내면 가부장의 도움과 지지가 없다면 여성은 자신이 사랑하는 사람이 위협받을 때 집단의 안녕을 제

처놓을 가능성이 크다.

내면 가부장은 또한 잘라내기라는 힘든 결정을 내릴 수 있다. 정원의 가지치기건 아이들의 부적절한 행동 제재건 예산 삭감이건, 내면 가부장은 우리가 결정을 하는 데 도움을 줄 수 있다. 그는 감정에 흔들리지 않는 객관성을 갖고 있다. 물론 이 객관성이 감정적인 고려와 균형을 맞춰야겠지만 그의 소중한 조언이 없다면 우리가 내리는 모든 결정은 심각하게 균형을 잃을 위험성이 있다.

지금까지 내면 가부장의 긍정적 기여 중 일부를 살펴보았다. 당신은 이 중에서 어떤 것을 보존하고 싶은지 생각해볼 수 있다. 이제 내면 가부장이 여성인 우리에게 미치는 부정적인 영향과 균형을 찾는 방법을 살펴보자.

11장

내면 가부장 활용하기

우리가 반대쪽 극단을 명확하게 공식화할수록, 내면 가부장의 힘이 균
형을 이루기도 쉬워지며 그가 사는 이원론적 세계를 넘어서기도 한층
쉬워진다.

가모장 외에도 내면 가부장과 균형을 이루는 자아가 여럿 있다. 각
자아는 무언가 기여하는 바가 있는데, 이들이 수행하는 역할은 각각
다르다. 여성으로서 권한을 갖는 방향으로 나아가려면 양극단 사이
에 서는 법을 배워야 한다. 즉 전통적인 남성적 특성과 가치(내면 가부
장과 같은)를 지닌 자아의 힘과 전통적인 여성적 특성과 가치를 지닌
자아의 힘 사이에서 균형을 이뤄야 한다. 이는 내면 가부장의 선물을 우
리 것으로 만들면서 의식적으로 이 선물을 사용해야 한다는 의미다. 동시에 전통
적으로 여성적이라 여겨온 선물을 잘 간직하며 마땅히 받아야 할 존중과 존경을

담아 다뤄야 한다.

이런 자아들 중 첫 번째는 내가 '전통적인 여성적 자아'라고 보는 자아다. 이 자아는 내면 가부장을 보완하고 지지한다. 내면 가부장의 전통적인 남성적 특성을 존중하고, 그런 특성이 있는 남성과 함께할 때 매우 행복하며 완전한 상태라고 느낀다. 이런 유형의 자아를 체화한 인물이 『바람과 함께 사라지다』에서 강인하고 독립적인 주인공 스칼렛 오하라와 대비되는 귀부인 멜라니다. 멜라니는 전통적인 여성의 우아함을 갖고 있었고, 전통적인 남성인 애슐리와 결혼 생활을 했다. 그들은 서로에게 완벽하게 맞는 짝이었고 살아가는 데 필요한 기술을 각자 절반씩 보유하고 있었다. 그들은 서로를 완성했다.

두 번째 유형은 '덜 길들여진 자아less domesticated selves'로, 자연적 또는 야성의feral 여성이라 부르는 부류다. 집시, 방랑자, 야생 늑대 그리고 떠돌이 여성들도 모두 여기 속한다. 클라리사 핀콜라에스테스는 저서 『늑대와 함께 달리는 여인들Women Who Run with the Wolves』에서 이 그룹에 해당하는 자아를 보여주었다. 또 다른 그룹도 있다. 이들은 사춘기 이전의 소년·소녀들로, 아직 길들거나 문명화하지 않은 자아들이다. 이 모든 자아들은 여성에게 허용되는 규칙들, 특히 결혼과 가정생활에 관한 규칙들로부터 해방되기를 강조한다. 이 자아들은 독립적인 삶을 살고자 하고 창조하려는 욕구를 갖고 있다. 이들은 자신의 본능과 열정을 따른다.

세 번째 유형의 자아는 '권력 자아power selves'이다. 앞 장에서 살펴본 가모장도 권력 자아들 중 하나다. 그 밖의 권력 자아들은 내면 가부장의 반대가 아니라 오히려 그의 특성과 기술을 지닌 자아들이다.

많은 전투적인 페미니스트가 전통적인 여성적 자아들을 배제하기 위해 이 권력 자아들을 사용한다. 권력 자아들은 내면 가부장의 부정적인 힘을 중화시키고 여성들이 남성들의 세상에서 큰 권위를 가지고 작동할 수 있게 한다.

이제 이 자아들에 대해 조금 더 자세히 알아보자.

양 극단 사이에서 균형 잡는 법

전통적인 여성적 자아들은 내면 가부장를 보완한다. 이들은 내면 가부장의 힘을 사랑하고, 책임을 지기만 한다면 내면 가부장이 권위를 갖는 것을 흔쾌히 받아들인다. 그들은 가정을 따뜻하게 돌보는 것을 즐긴다. 그들은 남성이 세상에서 강한 존재인 것을 좋아하고, 강인함에 대한 대가로 남성을 돌보고 안전하고 평화로운 삶을 유지하는 것을 즐긴다. 그렇지만 가모장처럼 자신이 남성보다 우월하다고 느끼지는 않는다. 남성이 자리에 없다고 조롱하지 않는다. 그들은 세상은 그러해야 한다고 믿으며 여성의 역할을 다하는 것에 자부심을 느낀다. 1950년대에는 이런 자아를 개발하도록 매우 강조했는데, 특히 근본주의적인 종교에는 여전히 이 자아가 만연해 있다.

이런 자아는 중요한 역설을 보여준다. 한편으로 이들은 전통적인 여성적 속성과 가치를 간직하고 그림자 영역에서 작동하는 내면 가부장의 전폭적인 응원을 받는다. 그러나 내면 가부장은 이 자아들을 여성의 일차적 자아로 지지하지만 존중하지는 않는다.

전통적인 여성적 자아를 일차적 자아로 채택한 여성의 모습을『바람과 함께 사라지다』의 멜라니를 통해 살펴보자. 멜라니는 남편에게 이상적인 배우자이자 아내이고, 그녀가 아는 모든 사람에게 '양육하는 어머니'로 통한다. 멜라니의 아프로디테 자아는 남편과의 관계에서 다정함, 상냥함, 너그러움, 섬세함, 이해심, 자기희생, 지지적인 태도로 온 힘을 다한다. 사랑하는 사람들을 이러한 방식으로 대하고 외부 세상에서 자신을 보호해주는 타인들에게 전적으로 의존한다. 그녀의 내면 가부장은 이 모든 것을 격려하고, 멜라니가 자신의 임무를 완수한 진정으로 여성스러운 여자임에 기뻐한다. 그녀는 적절한 일차적 자아들을 지녔고 자신을 아껴주는 남자와 결혼한 착한 여자다.

하지만 그녀의 그림자 왕인 내면 가부장은 그녀가 외면한 모든 힘을 가지고 있다. 그녀에게 결핍된 힘을 갖고 있는 것이다. 외면당했다는 것은 그가 그녀의 무의식에서 살고 있음을 의미한다. 멜라니는 그림자 왕이 거기에 있으면서, 즉 그림자로 작동하면서 생존을 위한 기본 규칙을 명령하고 그녀의 의존성과 천진함을 격려한다는 걸 알지 못한다. 멜라니의 내면 가부장은 그녀가 자신의 명령을 따르는데도 그녀를 온전하고 독립적인 인간으로 가치 있게 여기지 않는다. 그는 멜라니가 특별하고 여성적 강인함을 지녔음을 알지만, 그녀가 세상에서 자력으로 살아남지 못한다는 것 또한 알고 있다. 그녀는 누군가의 보살핌을 받아야 한다. 내면 가부장은 스스로를 돌보지 못하는 사람을 존중하지 않는다.

이제 전통적인 여성적 자아들을 좀 더 자세히 살펴보자. 첫 번째는 내가 '가부장의 배우자 또는 아내'로 생각하는 자아다. 아마도 이 자아는 환멸을 느끼고 비통해하며 분노하기 전의 가모장인 듯하다.

이 배우자/아내는 관계의 중요성을 강조하고 관계를 위해 많은 것을 기꺼이 희생하려 한다. 그녀는 의존적일 수 있고 다른 사람이 주는 것을 받을 줄도 안다. 그녀의 이상은 소중한 것을 줄 수 있는 동등한 사람들 사이의 관계다. 의존할 수 있는 능력을 갖췄고 관계의 평등을 원한다는 면에서 그녀는 내면 가부장과 정반대다. 내면 가부장은 의존을 경멸하고 관계에서는 기본적으로 평등함보다 지배에 더 관심을 보인다.

이 배우자/아내가 말을 할 땐 거의 성스럽게 들리기까지 한다. 그녀의 목소리는 부드럽고 온화하며 음악 같다. 이 또한 강하고 힘이 들어가 있으며 명령하는 어투인 내면 가부장의 목소리와 대비된다. 그녀는 대극이 하나 됨, 이원성을 넘어 완전한 일체로 나아감을 이야기한다. 이는 그녀에게 추상적 원칙이 아니다. 그녀는 이를 아주 인격적인 관점에서 남녀가 하나 되는 것으로 본다.

코넬리아의 배우자/아내는 낮고 경건한 목소리로 말한다.

옛날 아주 먼 옛날, 가부장과 나는 결혼을 했어요. 함께 있으면 우리는 정말 행복했죠. 하지만 어떤 일이 일어났고 우리는 헤어졌어요. 우리는 두 부분으로 쪼개져 세상의 다른 곳으로 보내졌지요. 나는 화난 가모장이 되었지만 그를 끔찍이 그리워했어요. 그와 다시 함께 있고 싶어요. 우리는 함께일 때 온전해요. 떨어져 있을 때는 행복하지 않아요.

나는 그(가부장)가 나를 돌봐줄 때 정말 좋아요. 그가 재정적인 문제를 처리하는 것도 좋아요. 그런 문제를 생각하는 게 정말 싫거든요. 그가 나를 돌봐준다면 난 세상에 대해 걱정할 필요가 없고 그에게 필요한 걸 줄 수 있어요. 나는 그의 반쪽이 될 수 있어요. 그에게 온화하게 사는 방법을 가르쳐줄 수 있고, 그가 편안해할 때 나는 참 행복해요! 언젠가 내가 가부장과 다시 함께할 때 우리가 하나였던 때로 돌아갈 수 있겠지요. 마땅히 그렇게 돼야 하겠지만요.

'양육하는 어머니'는 전통적인 여성적 자아들 중 두 번째 자아로, 내면 가부장을 훌륭하게 보완한다. 내면 가부장은 '아버지' 역할을, 그녀는 '어머니' 역할을 한다. 그녀는 동등한 힘을 쟁취하려고 싸우지 않는다. 사실 그녀는 힘에 전혀 관심이 없다. 그녀에게는 남자와 같은 무대에서 경쟁하고픈 욕구가 없다. 그녀는 다른 사람의 안녕을 위해 기꺼이 자신을 희생한다. 실제로 그녀는 희생의 관점에서 생각하지 않는다. 그녀의 가장 큰 기쁨은 사랑하는 이들을 돌보는 것이다.

양육하는 어머니에게는 거룩하다고 할 만한 특성이 있다. 내면 가부장은 그녀를 지지하지만, 그녀를 진심으로 소중히 여기지는 않는다. 그녀는 비용을 청구할 수 있는 노동을 제공하지 않는다. 그녀는 판매 가능한 제품을 생산하지 않는다. 가부장제 체제 내에서 그녀의 선물은 칭송받을지 모르지만, 시장에서 그녀의 노력은 아무런 가치가 없다. 양육하는 어머니를 일차적 자아로 동일시하는 여성, 즉 다른 사람에게 어머니나 돌보는 사람으로만 살아가는 여성은 세상에서 스스로를 돌볼 수 없다. 그녀의 내면 가부장은 그녀를 존경하지 않고 그녀가 자신에게 필요한 것을(신체적이건 재정적, 정서적이건) 제대로 해결하지 못하기 때문에 그녀가 안전한 상태에 있다고 여기지 않는다.

요즘 내면 가부장은 그녀를 공동의존적^{co-dependent}이라고 부르는데, 그녀를 잘 표현하는 말이다. 하지만 우리 자신이나 주변 사람들의 삶의 질에 그녀가 공헌하는 바를 폄하한다면, 우리는 많은 걸 잃게 될 것이다.

노라의 양육하는 어머니가 말할 때는 성모 마리아 같다. 그녀는 이해와 사랑, 자비와 잔잔한 기쁨으로 가득해서 빛나는 듯 보였다. 그 모습에서 나는 자비와 은총의 여신 관음^{觀音8}이 떠올랐다. 이 여신을 찾아오는 이들은 누구든지 존재의 따뜻함으로 축복받은 느낌이었을 것이다. 양육하는 어머니는 기본적으로 온화하지만 매우 강인하다. 그녀는 최근의 크리스마스에 대해 다음과 같이 말했다.

> 정말 좋은 시간이었어요. 애들이 다 집에 왔거든요. 친한 친구들도 우리 집에 머물렀어요. 전 정말 행복했죠. 집과 나무를 장식하고, 신중하게 한 사람 한 사람에게 맞는 선물을 고르고 포장했어요. 그러면서 정말 기분이 좋았어요. 사람들이 제 선물을 받고 얼마나 좋아할지 그림이 그려졌거든요.
>
> 저는 요리를 하고 또 했죠. 맛있는 빵과 케이크를 구웠어요. 미리 만들어서 냉동해놨어요. 그리고 모두가 왔을 때는 다른 음식을 만들었죠. 집 안에서 맛있는 냄새가 났어요. 정말 세심하게 계획했기 때문에 모든 사람과 충분히 시간을 보낼 수 있었어요. 뭐, 잠을 충분히 못 잔 건 사실이지만 정말 제 생애 가장 행복한 크리스마스였어요.

말할 필요도 없이 양육하는 어머니는 내면 가부장을 기쁘게 해준다.

내면 가부장이 행복해하며 인정해줄 때 그녀는 아주 기분이 좋을 것이다. 보상을 받고 있기에 자신이 잘하고 있음을 '안다'. 그녀는 쉴 수 있다. 하지만 내면 가부장과 달리 양육하는 어머니는 힘이 가장 중요하다고 생각하지 않는다. 그녀는 다른 사람을 돌보는 것과 사랑이 훨씬 더 중요하다고 믿는다. 따라서 그녀의 가치가 누군가의 세계관과 결합하고 내면 가부장이 더 이상 가치 체계를 지배하지 않을 때, 여성의 정신세계는 균형을 띤다. 다음 이야기에서 볼 수 있듯 양육하는 어머니와 내면 가부장이 창조적으로 만나는 다른 길도 있다.

지상에서 가장 아름다운 노래는 아이들만 들을 수 있다고 한다. 그건 양육하는 어머니가 부르는 노래다. 그 노래는 사랑이 가득한 가슴에서 나오는 노래이며, 다른 사람을 알아보고 소중히 여기는 영혼의 깊은 곳에서 나오는 노래다.

양육하는 어머니 자아나 원형이 존중받을 때 세상의 남성들은 그녀에게 다가가기 시작할 수 있다. 남성들이 어린이집에서 일하고 보육과 양육이라는 전통적인 여성 분야에서 환영받게 되면, 그들 또한 이 원형적인 체험의 아름다움과 깊이를 경험할 수 있다.

유명 첼로 연주가 줄리안 로이드 웨버는 자신의 원형적인 여성 자아(그가 직접 이런 용어를 쓰진 않았지만)와 함께한 개인적인 경험을 아주 감동적으로 들려주었다. 그는 젖먹이 딸의 요람 옆에서 첼로를 연습하던 때를 이야기했다. 연주하는 동안 잠든 딸을 바라보았는데, 색다른 체험을 하게 되었다. 양육하는 어머니의 원형이 줄리안의 내면에서 깨어났다고 말할 수 있을 것이다. 그 전에 줄리안은 한 번도 작곡을 한 적이 없는데 정말 아름다운 노래가, 영혼의 노래가 내면에

　　　　　　　　　　　　　내 안의 가부장

서 울려 와 뇌리를 떠나지 않았다. 그는 연주를 멈추고 이 노래를 받아 적었다. 이 음악에 취해서 비슷한 유형의 다른 노래를 연구하기 시작했다. 그의 양육하는 어머니는 거기에서 아주 특별한 것을 발견했다. 그는 그중에서 최고의 음악만 모아 CD로 만들었다. 내면 가부장의 선물(연구, 규율, 지식, 판매할 수 있는 제품 생산)과 양육하는 어머니의 사랑, 남의 눈을 의식하지 않는 창의성의 선물을 결합한 결과물이었다.

줄리안 로이드 웨버가 첼로를 연주하며 조용히 딸과 함께 있는 그림은 자연스럽게 전통적인 여성적 자아의 세 번째 모습으로 이어진다. 이 자아는 남편과 내가 내면 가부장이 매우 가치 있게 여기는 '행위 자아들Doing selves'과 대비해 '존재하는 자아Being self'라고 부르는 것이다. 존재하는 자아는 양육하는 어머니처럼 실용적이거나 유용하다고 여기는 것들을 많이 생산하지는 않는다. 대신 이 자아는 긴장을 풀고 순간에 머무르며 우리 존재의 깊은 곳에서 생각과 감정과 표현이 쏟아져 나오게 하는 방법을 알고 있다.

이 '존재하는' 자아를 어떤 사람들은 '수용적 여성receptive feminine'으로 묘사하기도 했다. 이는 내면 가부장이 중요시하는 행동, 성취, 생산 등과 같이 전통적인 남성적 가치와 극명하게 대비된다. 존재하는 자아가 작동할 때 우리는 깊고 고요하게 다른 사람과 연결될 수 있다. 시간이 멈추고 순간이 확장되며 마법이 펼쳐지는 듯하다. 더 이상 기지나 지혜, 혹은 업적으로 남을 감동시킬 필요가 없다. 또한 우리도 그런 것들에 감명받지 않는다. 그저 서로의 존재를 즐기는 두 인간으로 존재할 뿐이다.

가부장적 사회에서는 성취의 편을 들어주었기 때문에 존재하는 자아가 외면당했다. 나는 남녀를 막론하고 모두가 우리의 유산에서 잃어버린 부분을 되찾아야 한다고 느낀다. 지난 수십 년간 삶의 속도는 엄청나게 빨라졌고 그저 존재할 수 있는 공간은 점점 줄어들고 있다. 사람들은 끊임없이 바쁘고, 내면 가부장들은 잠시라도 발걸음을 멈추면 다른 사람에게 추월당해 세상에서 우리 자리가 없어질까 봐 두려워한다.

내면 가부장은 이 가부장제 세계의 가치들을 그대로 따라 한다. 그는 우리가 엄청나게 성취해온 것들을 우러러본다! 지금 이 책에서 그 성취를 자세하게 칭송하는 게 적절치는 않지만, 그것은 믿기 어려울 정도이고 삶의 질은 두드러지게 향상되었다. 게다가 예전이라면 몇 주나 몇 달, 심지어 몇 년이 걸렸을 일도 아주 짧은 시간에 최소한의 노력으로 완성할 수 있다.

반면 평균 노동 시간은 증가했고, 잠시 일을 그만두고 쉰다거나 조용한 주말 보내기라는 개념은 사라졌다고 해도 과언이 아니다. 몇 년 전만 해도 주말과 저녁에는 상점이 문을 닫았다. 저녁이나 일요일에는 할 수 있는 게 없어서 무언가를 '하기'보다 느긋하게 그냥 '존재'하기가 더 쉬웠다. 이제 우리는 하루 24시간, 일주일 내내 쇼핑하거나 일하고 배우고 소통할 수 있다. 외부의 제약은 존재하지 않는다. 컴퓨터와 팩스와 이메일과 휴대전화 덕분에 즉각적으로 정보에 접근하고 소통할 수 있게 되었다.

생산적이지 않아야 할 이유는 하나도 없다. 다시 말해 내면 가부장들이 보기에(외부의 가부장들도 마찬가지이다) 생산을 중단해야 할 이유가 전혀 없는 것이다. 다시 말하는데 이를 다르게 보는 것은 내면 가모장은 물론이고 아내/배우자, 양육하는 어머니, 존재하는 자아와 같은 전통적인 여성적 자아들이다. 이들은 본질적으로 한쪽으로 치우친 인생관에 균형을 잡는 데 도움이 되는 가치를 추구한다.

이제 전통적인 여성적 자아의 마지막인 '아프로디테 자아'로 옮겨 가보자. 아프로디테 자아도 내면 가부장을 보완한다. 그녀는 끌림과 관능성, 여성적인 매력과 사랑을 가치 있게 여기는 자아다. 아프로디테 자아는 관능성이라는 가치와 로맨틱한 끌림을 칭송한다. 그녀는 사랑과 아름다움에 헌신한다. 여성이 이 자아와 접촉하고 있을 때, 그녀는 남성의 마음을 끌고 자기 나름의 힘을 가진다.

만일 여성이 자신의 아프로디테 본성을 제대로 알고 있다면, 그녀는 타고난 권리를 되찾은 것이다. 그녀는 여성으로서 자신을 즐길 수 있을 것이다. 자신의 몸에 대해 기분 좋게 느끼고, 삶이 주는 감각적인 쾌락을 즐길 것이다. 그녀는 다른 사람들을 끌어당기고 이를 즐길 것이다. 당당하게 그렇게 할 것이다. 하지만 강한 내면 가부장이 있다면 그녀는 이 자아를 억누르고 결혼 관계에 이바지하는 한에서만 이를 사용하도록 요구받을 것이다.

여성이 전통적인 여성적 자아들 중 어느 하나를 강하게 갖고 있을 경우, 그녀의 내면 가부장은 대부분 아주아주 강력하고 무의식적이다. 내면 가부장은 남성을 지지할 것이고, 여성을 순종하는 위치에 둘 것이다. 그는 남성을 보호하고 남성이 관계 안에서 필요로 하는 것들을 보호한다.

하지만 여성이 전통적인 여성적 자아들뿐 아니라 내면 가부장의 힘과 객관성까지 접근할 수 있을 때, 그녀는 이 양극단 사이에 선다. 그녀는 내면 가부장의 힘을 사용할 수 있게 된다. 이 힘을 의식적으로 사용할 수 있고, 힘을 제공해줄 외부 남성에게 의존할 필요가 없다. 남자와의 관계는 더 대등해지고, 따라서 얻는 것 또한 많아진다. 그녀는 여성성과 전통적인 남성적 힘이라는 양극 사이에서 자신이 보기에 적합한 방식으로 균형을 잡고 선택권을 가지며 인생을 살아갈 수 있다. 그녀는 이원성을 넘어선다.

길들지 않은 나만의 여성성을 찾아서

'자연의 여자'는 타고난 본능에 충실한 자아다. 그녀는 기분과 반응, 열정과 욕구를 경험할 수 있다. 그녀는 길들지 않았다. 다른 사람의 필요를 자신의 필요보다 우선시하지 않고 다른 사람을 기쁘게 하려고 애쓸 생각조차 하지 않는다. 많은 여성이 이 자아를 여성이라기보다 동물로 본다. 보통 암사자, 퓨마, 재규어 같은 고양이과의 동물이다. 최근 들어서는 늑대가 독립적이고 길들지 않은 에너지를 갖고 있다고 보는 여성들이 늘고 있다.

놀랍게도 여성적인 자아가 아니라 사춘기 이전 9~10세의 소년 자아가 이런 자연스러움을 갖고 있을 때가 있다. 어린 소년 자아들은 사회적 제약이나 요구 조건으로부터 여전히 자유롭다. 그런 자아들 중 하나가 '당돌한 꼬마'로 묘사되었다. 열 살 소년은 수치심이나 두려움이라곤 없으며 생기가 가득 넘친다. 관심의 대상이 되는 것을 좋아하며, 모든 사람이 자신을 봐주고 자신의 말을 들어주기를 원한다. 수줍음을 타지 않고 남의 눈을 전혀 의식하지 않으면서 뭐든 할 수 있다.

내면 가부장은 어린 소녀에게 고유의 색깔과 강렬함을 포기하도록 요구한다. 이 때문에 소녀들은 자신의 타고난 본능에 대해, 특히 자신의 섹슈얼리티에 대해 남의 눈을 의식하고 수줍음을 타게 된다.

　자연의 여자는 그런 규칙에서 자유롭다. 내면 가부장은 그녀를 두려워한다. 내면 가부장은 규칙과 자기 절제를 대표하기 때문이다. 우리는 여성으로서 그녀의 소망과 그의 두려움에 귀를 기울이고, 두 가지 상충하는 세계관이 만들어내는 이원성을 넘어설 수 있다. 그리고 이 둘을 결합하여 양측의 필요와 염려를 고려하는 새로운 포괄적 전체를 만들어낼 수 있다.

　앞서 2장에서 내면 가부장의 목소리를 들었던 칼라가 바로 자연의 자아를 추구했다. 그녀는 내면 가부장이 추구하는 전통적이고 제한된 인생관에 균형을 가져다줄 에너지나 자아가 필요하다고 느꼈다. 그녀는 자연의 여자인 집시를 찾았다. 그녀는 칼라가 바란 대로 아내나 어머니에게 기대하는 것들로부터 자유로웠다.

　이 과정은 자아들과 직접 대화하는 목소리 대화법을 통해 이루어졌다. 애초에 칼라의 내면 가부장과 그의 신념을 찾아낸 것도 목소리 대화법이었다. 2장에서 인용한 말을 했을 때 칼라의 내면 가부장은 칼라가 그를 위해 따로 지정해둔 의자에 앉아 있었다. 칼라는 내면 가부장이 자신의 공간과 자기 나름의 개성을 분명하게 드러낼 수 있도록 정해둔 의자로 옮겨 가 앉았다. 내면 가부장이 말을 끝냈을 때 칼라는 원래 자기 자리, 곧 깨어 있는 에고의 자리로 돌아왔다. 깨어 있는 에고는 이원성을 넘어 대극을 포용할 수 있는 그녀의 일부다. 그러나 대극을 포용하기 전에 그녀는 먼저 반대편에 어떤 자아가 살고 있는지 알아야 했다. 칼라는 내면 가부장 반대편에 있는 의자로 옮겨 가 누가 반대되는 에너지를 가지고 나타나는지 기다렸다. 칼라의 경우 그것은 집시였다.

집시 자아는 활기와 생동감이 넘쳤다. 그녀가 말할 때 칼라의 몸이 살아났다. 집시는 칼라가 브라를 입지 않기를 원했다. 그녀는 브라 없이 다닐 때의 자유로운 느낌과 관능성을 좋아했다. 그녀는 아름다운 색깔의 옷을 입고 길게 늘어져 달랑거리는 귀고리를 즐겼다. 집시 자아는 전원에 있는 것을 좋아했고, 칼라가 긴장을 풀고 일상에서 새로운 것을 시도하며 재미있게 마음껏 즐기기를 원했다. 집시는 칼라를 정말 걱정하고 있다고 했다. 또 칼라가 너무 긴장하고 불만스러워한다고, 안아주지 않아 제대로 꽃피우지 못한 아기처럼 죽어갈까 봐 걱정했다.

집시 자아는 내면 가부장이 휴가 때 칼라에게 신경을 쓰지 않기 때문에 휴가 기간에만 나타날 수 있다고 말했다. 휴가는 진짜 삶의 일부가 아니다. 집시는 또 칼라 남편의 집시 자아와 만나 로맨스를 시작한 것이 자신이었다고 알려주었다.(앞서 다룬 내용을 보면 알겠지만 내면 가부장은 여성에게 남편을 찾아주려는 욕구가 있고 이를 달성하기 위해 어떤 자아든지 기꺼이 활용한다. 일단 목적을 달성하고 나면 칼라의 집시와 같은 부분은 해를 끼치지 않을 곳에 안전하게 감춰준다.) 그러다 내면 가부장이 칼라의 삶을 장악하고 나자 두 집시는 다시 만날 수 없었던 것 같다.

분명 집시 자아는 삶에 대한 타고난 열정으로 칼라에게 상당한 흥겨움과 즐거움을 선사할 수 있다. 그녀는 내면 가부장과 균형 맞추기에 성공할 것이다. 하지만 칼라가 인생을 살아가면서 이원적인 체계를 넘어서 양쪽 자아의 요구를 모두 수용하는 것은 극히 중요하다. 깨어 있는 에고만이 이를 할 수 있다. 깨어 있는 에고에 대해서는 다음 장에서 살펴볼 것이다.

앞서 설명했듯 목소리 대화법을 통해서만 자아들이 접촉할 수 있는 것은 아니다. 내 지인인 마야는 '자연의 여자' 자아가 갑자기 등장했던 아름답고 강력한 체험에 대해 들려주었다. 마야에게는 그림자 영역에서 강력하게 작용하는 내면 가부장이 있었다. 내면 가부장은 그녀가 따라야 할 규칙을 지시했다. 대부분의 경우 그는 그녀의 행동을 완전히 통제하여 그녀가 차분한 태도로 예의범절을 잘 지키게 했다.

최근 마야는 여성 그룹과 숙식을 함께하는 워크숍에 일주일간 참석했다. 저녁마다 아름다운 음악이 흘렀고 여성들은 춤을 췄다. 하지만 신명나게 춤을 춘 건 아니었다. 참석한 여성들은 조심스럽고 절제력이 있었다. 마야는 말했다.

나는 내 기분이 어땠는지 알고 있었는데 다른 사람들도 나랑 똑같이 느꼈다고 생각해요. 어쨌든 나한테는 그렇게 보였어요. 난 남들 눈을 아주 많이 의식하고 있었거든요. 내 에너지가 확장되고 자유로워지는 게 두려웠어요. 너무 많이 움직이는 건 아닐까, 공간을 너무 많이 차지하는 건 아닐까 걱정되더라고요. 움직임이 도발적으로 보일까 봐 불편하기도 했어요. 참가자 중에 레즈비언이 있었는데, 추파를 던진다고 생각할까 봐 신경 쓰였어요. 그런 인상을 주기는 싫었거든요. 그래서 별로 즐거운 경험은 아니었어요.

그러다가 사흘째 밤에 아주 흥미로운 일이 벌어졌어요. 참가자 중 한 명이 블라우스를 벗어 던지고 춤을 추기 시작한 거예요. 그러자 다른 여자가, 또 다른 여자가, 하나둘씩 따라 벗기 시작했어요. 모임의 리더가 허물 벗듯 옷을 벗어 던지더니 알몸으로 춤을 추기 시작했어요. 우리도 다 옷을 벗어 던졌죠. 마치 옷과 함께 우리를 막고 있던 것들을 다 벗어 던진 것 같았어요. 우린 춤을 추고 또 췄어요! 다들 자유롭고 당당하게 움직였지요. 서로 부딪치는 것도 두렵지 않았어요. 나는 그렇게나 유연하고 그렇게나 멋진 여자들을 본적이 없어요. 정말이지 굉장했어요!

거기에는 나이 든 여성도 있고, 어린 여성들도 있었어요. 나이가제일 많은 사람이 75세고 제일 어린 사람이 17세였어요. 가슴이둘인 여자, 하나뿐인 여자, 가슴이 없는 여자도 있었어요. 상처가있는 여자도 있었고 없는 여자도 있었지요. 이성애자도 있고 동성애자도 있고요. 모두가 반짝반짝 빛났고, 눈부시게 아름다웠어요!최고로 자유롭고 자연스러운, 놀랍고도 아름다운 경험이었어요!

그날 저녁 알아차린 흥미로운 지점 하나는 그 춤이 순수한 관능과움직임이었다는 거예요. 옷을 걸친 사람이 한 명도 없었는데도 성적이거나 그런 걸 연상시키는 게 없었어요. 그런 식으로 존재하는게 완전히 편안해지고 평범해지는, 그런 느낌이 들었어요. 무언가가 되려고 애쓰거나 뭔가를 통제하려는 게 없었어요. 그저 음악과함께, 우리 자신과 함께 있었을 뿐이에요. 어색함이나 남의 눈을의식하는 것도 없었어요.

자연의 여자는 자신의 몸을 자각하고 편안해한다. 자신의 감정을 알아차리고 쉽게 그에 따라 행동한다. 그녀는 필요하다면 맹렬해질 수도 있다. 많은 여성이 자연의 여자임을 느끼기 위해 일종의 토템 동물을 사용한다. 어느 동물이 여러분에게 말을 거는지 보라. 먹이를 덮치려 열대 우림을 소리 없이 헤치고 나아가는 재규어인가? 하늘 높이 날아올라 모든 것을 보며 세상으로부터 자유롭고 강한 독수리인가? 상승 기류를 타고 올라 바람의 흐름을 즐기는 매인가? 아니면 파도를 타고 놀며 주변 모든 것들의 움직임을 느끼는 돌고래인가? 어쩌면, 무엇이 기분 좋은지, 어떻게 스스로를 돌보는지, 따뜻한 햇살 아래 잠들 수 있는 최고의 장소가 어디인지를 아는 고양이일 수도 있겠다.

책을 좋아한다면 클라리사 핀콜라에스테스의 『늑대와 함께 달리는 여인들』을 읽어보기를 추천한다. 자연스럽고 본능적이며 감정이 풍부하고, 길들지 않은 나만의 여성을 찾는 데에 이보다 더 좋은 방법은 없을 것이다. 클라리사가 들려주는 이야기와 가르침은 매혹적이며 생각할 거리를 얻을 수 있다. 또한 영혼이 성장하고, 흥미진진하다. 클라리사는 여성들에게 값을 매길 수 없는 귀중한 선물을 주었다.

내면 가부장에게 배우는 다섯 가지 교훈

여성 안에 있는 권력 자아들은 내면 가부장이 우리에게 행사하는 영향력이 균형을 이루도록 돕는다. 내면 가부장은 언제나 존재한다. 우리가 그의 힘에 의식적으로 접근하지 못하면 그는 무의식의 영역에서 우리 삶을 지배한다. 내면 가부장이 무의식의 영역에서 우리 삶을 지배할 때, 그는 우리를 약하게 만든다. 따라서 그의 힘이 균형을 이루도록 하려면 그에게서 배워야 하고 그의 힘에 직접 접근할 수 있어야 한다. 내면 가부장에게서 배워야 하는 기본적인 교훈은 스스로를 돌보는 능력과 관련이 있다.

첫 번째 교훈은 스스로를 책임지는 것으로 특히 경제적 책임과 관련이 있다. 여러분의 내면 가부장에게 물어보라. 그는 스스로를 책임지는 방법을 잘 알고 있다. 그는 여러분의 경제적 안정에 대해 상당히 신경 쓴다. 여러분이 남편을 갖기를 그토록 원하는 이유 중 하나가 바로 경제적 안정이다. 내면 가부장은 남자가 현재 그리고 미래에도 여러분을 경제적으로 돌봐주기를 바란다. 여러분이 경제적 영역에서 내면 가부장의 힘에 직접 접촉하지 못한다면 외부의 가부장들을 살펴보라. 그 문제를 다룰 줄 아는 주변 남성들에게 배우라.

여러분의 내면 가부장은(또는 외부의 가부장은) 자급자족하는 법을 개발하도록 도와줄 수 있다. 여러분이 좀 더 독립적인 개인이 되도록 만들어준다. 그는 아마도 재정 상황 전반에 대해 질문부터 던질 것이다. 현재 재정 상태와 장래 계획에 대해 알고 싶어 할 것이다. 여러분이 이에 대해 모른다면 그는 알아야 한다는 입장을 고집할 것이다. 자신의 수입과 저축, 투자, 주택 자산, 대출, 연간 지출에 대해 알고 있는가? 이에 대한 정보를 얻게 되면 내면 가부장에게 이를 객관적으로 살펴보도록 허락할 수 있다. 그는 여러분이 상황을 평가하는 것을 도울 수 있다. 여러분은 충분한 정보를 갖고 있는가? 아니면 이런 문제를 생각하고 싶지 않은가? 만일 결혼했다면 남편은 이런 정보를 혼자만 알고 있는가? 관련 자료를 어디에 보관하는가?

의료보험, 생명보험, 주택보험, 자동차보험은 어떻게 준비하고 있는가? 휴가, 자녀 교육비, 주택 구매나 은퇴와 같은 특별 비용은 어떻게 준비하고 있는가? 남편이 일을 할 수 없다면 어떻게 될까? 여러분이 일을 할 수 없다면 어떻게 될까? 내면 가부장은 여러분에게 직접 조언을 해주거나 자문해줄 다른 사람에게로 안내할 수 있다.

재정 상황에 대해 잘 알게 되고 그에 대한 책임을 질 때, 여러분은 내면 가부장이 존경할 수 있는 힘을 갖게 된다. 여러분이 안정되고 확신이 있다면 그는 긴장을 풀고 느긋하게 필요한 지지를 해줄 것이다. 더 이상 여러분에 대해 걱정하지 않고 경제 분야를 다루는 능력을 의심하지 않을 것이다.

내면 가부장에게 배우는 두 번째 교훈은 권위를 취하는 것이다. 그에게 귀를 기울이고 적절한 시점에 그의 에너지를 사용하라. 내면 가부장은 자신이 뭘 아는지 안다. 그는 주저 없이 말한다. 다른 사람의 허락을 구하지도 않는다. 자신이 하고 싶은 말을 하고 다른 사람이 어떻게 생각할까 걱정하지 않는다. 여러분이 이런 권위를 가질 수 있으면 그는 마음을 놓을 것이다. 권위를 많이 가질수록 더 쉬워지겠지만 시간과 연습이 필요할 가능성이 크다. 여러분이 내면 가부장의 에너지를 통합하고 그를 의식적으로 사용하기 시작한다면, 그의 힘은 더 이상 여러분의 힘을 소진시키지 않고 오히려 힘이 된다.

이 길로 나아가려면 자신에게 권위를 갖도록 허용해야 한다. 여러분의 내면 가부장은 평생 여러분에게 여성이기 때문에 권위를 가질 자격이 없다고 말해왔다. 내면 가부장의 힘을 취하기 위해 다른 사람의 도움을 받아야 할 수도 있다. 때로는 권위 있게 발언해도 된다고 말해주는 사람이 있는 것만으로도 충분하다. 그보다 더 많은 도움이 필요한 사람들도 있다. 각자 자신의 길을 찾아야 한다. 일기 쓰기, 유도심상법^{guided imagery}, 꿈, 독서, 워크숍 등을 통해 내면에 존재하는 권위의 원천과 접촉할 필요가 있다.

세 번째 교훈은 객관성, 정서적 가용성^{availability} 및 경계 설정과 관련이 있다. 우리는 이를 인간미 없는 사람이 되는 능력을 갖는 것이라 생각한다. 여성들은 인간미를 갖도록, 그러니까 본질적으로 경계를 두지 않도록 훈련받았다. 열린 마음과 풍부한 감정으로 따뜻하게 다른 사람에게 에너지를 주도록 교육받은 것이다. 내면 가부장은 이와 반대다. 여성은 인간미 없이 객관적으로 살기를 원하지 않는다. 그러나 이는 우리가 꼭 배워야 하는 힘에 관한 교훈 중 하나다. 필요할 때 비인격적이 될 수 있는 능력이 필요하다.

내면 가부장은 인간미 없고 침착하면서 객관적이 되는 법을 안다. 그는 경계를 두는 데 귀재다. 그는 상황을 평가하고, 인간미 없고 객관적인 태도로 사람들과 상호 작용을 한다. 기계적인 문제를 바라보는 듯이 감정에 좌우되지 않으며, 객관적으로 사람을 바라볼 수 있다. 그는 감정에 매몰되지 않고 특유의 침착함과 객관적인 태도로 현재에 머무르며 다른 사람들이 자신에게 접근할 수 있게 한다. 그가 차갑다거나 내면으로 물러나 벽을 치고 있다는 뜻이 아니다. 단지 그에게 경계가 있다는 의미다. 그는 항상 감정적이지 않다.

적절할 때 인간미 없는 사람이 되는 법을 배우는 것은 매우 중요하다. 내면 가부장이나 워크숍, 상담 치료 등을 통해 배우면 다른 사람들로부터 조용히 떨어져 매번 사람들의 필요나 감정에 반응하지 않아도 되는 공간에 앉아 있을 수 있다. 이에 대해서는 13장 '가부장의 딸, 독립하다'에서 좀 더 자세하게 다룰 것이다. 어떻게 하면 에너지 가득한 경계를 조성하여 원하는 때에 인간미 없고 객관적이 될 수 있는지를 제시하겠다.

네 번째 교훈은 집중과 규율에 관한 것이다. 내면 가부장은 한 가지 작업에 집중하고 그것을 끝내기 위해 집중에 방해가 되는 것들을 참아내고 스스로를 단련하는 방법을 알고 있다. 그는 다른 사람의 필요나 요구에 의해 집중이 흐트러지는 것을 허락하지 않는다. 내면 가부장에게는 자신의 최고 우선순위가 무엇보다 중요하다. 자신에게서 나오는 것이 최우선이다. 그는 자연스럽게 자신의 것을 보호하고 눈에 보이는 결과를 만들어내는 데 열심이다. 여성으로서 남자와 어린아이에게 최우선순위를 두라는 내면 가부장의 요구에 저항할 때, 그리고 당신 자신의 일을 할 때, 여러분은 그의 에너지를 통합하고 의식적으로 사용하며, 나아가 궁극적으로 그가 마지못해 보내는 존경과 지지를 얻게 될 것이다.

마지막 교훈은 의로운 전사의 교훈이다. 내면 가부장은 전사다. 자신의 규칙이나 왕국이 위협받는다고 느끼면 전쟁에 돌입한다. 지난 30여 년간 페미니스트 혁명을 이끈 여성들은 딸이 아니었다. 그들은 아마존 전사들이었다. 그들은 외부 가부장제와의 전투에서 승리하기 위해 내면 가부장의 힘 중 이 부분을 통합하였다. 여성 각자는 내면 가부장의 힘을 통합하고 자신의 왕국을 보호하기 위해 자신의 전사 에너지에 접근해야만 한다. 그러지 않으면 왕국을 보호하는 일이 내면 가부장에게 맡겨지고, 그는 자신이 아는 방식으로만 왕국을 보호할 것이다.

내면 가부장과 함께 춤을

신화에는 내면 가부장과 균형을 이루는 여러 원형적 자아의 모습이 신성한 여성의 모습으로 나타나 있다. 문화마다 고유 신화가 있다. 여러분은 어떤 신화가 여러분에게 직접적으로 다가오는지 알 수 있다. 원형적 자아들 즉, 여신들에 대해 읽으면 그들의 에너지를 우리의 일상에 통합하는 데 도움이 된다. 진 시노다 볼린은『우리 속에 있는 여신들 Goddesses in Everywoman 』에서 그리스 신화에 등장하는 원형을 쉽고 흥미롭게 소개한다. 여성적 측면을 나타내는 고대 상징은 의례나 글쓰기, 예술, 음악, 춤, 그리고 활발한 상상에서 창조적으로 활용될 수 있다.

전통적인 여성적 자아들을 나타내는 고대 그리스 여신들이 몇 있다. 이 자아들은 내면 가부장을 보완하고 그와 균형을 맞춘다. 이들은 기본적으로 내면 가부장의 가치와 그가 여성들에게 요구하는 것에 동의하며 내면 가부장의 요구 조건에 순응한다. 이들을 내면 가부장과 춤추는 법을 아는 여성으로 생각해볼 수도 있다.

첫 번째로 올림포스에서 유일하게 결혼한 여신인 헤라가 있다. 헤라는 신들의 우두머리인 제우스와 결혼했다. 그녀의 힘은 제일 강력한 남성과의 결혼에서 비롯한 것으로, 자신의 능력이나 노력이나 성취의 결과가 아니다. 이런 식으로 힘을 얻는 것이 내면 가부장의 궁극적인 목표다. 헤라는 이 힘에 아주 관심이 많고 이를 유지하기 위해 무슨 일이든 할 것이다. 그녀는 현재 상태를 무너뜨릴 가능성이 있는 모든 이를 격렬하게 시샘한다. 그리스 신화에서 헤라는 남편의 배신을 견뎌야 하기에 아주 불행하다. 그녀는 절대 외도를 할 수 없다. 하지만 그녀는 강한 남성의 가치를 알고 있고 자신의 힘을 지키기 위해 투쟁한다.

그리고 화로와 가정의 여신 헤스티아가 있다. 헤스티아는 전통적인 여성적 특성을 갖췄으며 안락하고 안전하고 행복한 가정생활을 지향하는 모든 요소를 구현한다. 하지만 그녀는 남성과 함께하지 않기로 선택한 처녀 신이다. 그녀는 여성이 남성과 상관없이 가정을 꾸리도록 허락함으로써 내면 가부장과 균형을 이룬다. 다시 말해 여성이 여성적인 방식으로 가정 중심의 삶을 꾸리며 자기 삶의 주인이 되도록 한다.

모든 여신들 중에 아프로디테는 전통적인 여성적 자아와 가장 가깝다. 아프로디테는 아름다움과 매력과 사랑의 신이다. 여성적인 매력과 관능, 그리고 세속적인 사랑의 전형이다. 그녀는 섹슈얼리티와 관능과 관계를 허락하는 자아다. 한편 영예롭게 존중받고 추앙받기를 기대하는 신이면서 결코 이용당하지 않는다. 누군가 자신을 부당하게 이용하려 든다고 느끼면 극도의 복수심을 보인다.

권력 자아의 경우 부정적인 면에서 인도 최고의 어머니 신인 칼리가 있다. 칼리에게는 파괴의 힘이 있다. 그녀는 자신이 창조한 것을 파괴하고 사람 머리로 만든 목걸이를 걸고 죽은 사람들 위에서 웃으며 춤추고 해골로 피를 마신다. 뼛속까지 오싹한 파괴적인 여신상을 보여주는 것이다.

서양 신화에는 아테나가 있다. 칼리보다 훨씬 더 이성적인 전사다. 그녀는 다 자란 성인의 모습으로 아버지 제우스의 이마에서 튀어나왔다. 아테나는 지혜와 전략을 담당하며 호기심을 불러일으키는 신이다. 그녀는 전사다. 남자들과 관계를 맺지는 않지만, 그들과 대화를 나누고 다루는 방법을 알고 있다. 남자들의 방식으로 말이다. 그녀는 힘이 강해서 내면 가부장이 일을 처리할 때 그녀에게 의지할 수 있다.

아르테미스 또한 '자연의 여자' 같은 힘을 갖고 있다. 아르테미스는 처녀 신으로, 남자와 함께 있을 필요가 없다. 그녀의 힘은 그녀가 길들지 않은 야생의 존재라는 점에서 나온다. 아르테미스는 동물들과 처녀성, 출산 중인 여성들을 보호하는 신이다. 계획을 세우고 집중적으로 실행하는 면에서 뛰어나다. 그녀가 남자에게 전혀 굴복하지 않음에도 내면 가부장은 그녀가 지닌 객관성과 냉정함을 존경할 수 있다. 하지만 그녀가 그녀 자신의 고유한 힘과 접촉하고 있으며 여성적이지 않기 때문에 내면 가부장은 그녀가 곁에 있을 때 긴장을 풀 수 있다.

이 모든 여신은 우리가 내면 가부장의 힘에 균형을 부여하려는 노력에 집중하는 데 도움을 줄 수 있다. 이제는 누가 혹은 무엇이 대극을 포용하면서 살아가는 데 도움이 되는지 살펴보자.

내 안의 가부장

12장

이원성을 넘어서, 깨어 있는 에고

깨어 있는 에고는 도달할 수 있는 목적지라기보다는 살아내야 하는 과정이다. 이는 우리에게 더 많은 선택지와 더 많은 가능성과 더 많은 방향을 선사한다.

이번 장에서는 의식의 새로운 차원, 즉 깨어 있는 에고의 영역을 탐구한다. 여기서 나는 새로운 방식으로 삶을 살아가는 것에 대해 이야기할 것이다. 이 새로운 방식은 일차적 자아나 자아들에 따른 삶이 아니라 깨어 있는 에고에 따른 것이다. 남편과 나는 정신세계 중 결정을 내리는 부분을 지칭하기 위해 '깨어 있는 에고^Aware Ego'라는 용어를 선택했다. 전통적으로 이런 집행^executive 기능을 지칭하는 용어로 늘 '에고'를 사용했기 때문이다. 우리는 연구자들의 기존 작업을 확장하고 싶었으므로 에고라는 단어를 피할 이유가 없었다. 많은

새로운 길　　　　　　　　　　　　　　　　　　　　**215**

영적 전통의 가르침에서도 '에고'를 사용하지 않아야 할 이유를 찾을 수 없었다. 원래의 에고 개념은 우리가 새롭게 제시하는 깨어 있는 에고에 포함된다.

성공했는데도 즐겁지 않다면

에고에 대해 말할 때 대부분 우리 삶과 사고를 지배하는 일차적 자아들을 지칭한다. 일차적 자아들이 진정한 본질이라고 생각할 수 있지만, 사실은 아니다. 내면 가부장을 소개한 이 책 2장에서 일차적 자아들에 대해 설명했다. 일차적 자아들은 우리와 우리의 삶을 책임지고 있는 지배적인 자아들이다. 그들은 우리가 누구인지, 무엇을 볼지, 세상을 어떻게 판단할지, 어떻게 생각할지, 무엇을 할 것인지 등을 결정한다. 따라서 그들은 우리의 삶을 꾸려나가는 '운영operating 자아'를 구성한다. 정신세계에서 중역(또는 담당 이사회) 역할을 수행한다. 대부분의 경우 이것의 작동 기제에 대해 그다지 깊이 생각하지 않는다. 이 운영 자아가 세상에 대해 인식하는 것을 어느 정도 신뢰하며 그저 따라간다. 마치 우리가 주변에서 보고 느끼고 생각하는 모든 것이 원래 그렇다는 듯이 말이다.

우리는 고도로 발달된 일차적 자아들의 지배하에 살아간다. 때때로 일차적 자아는 매우 유능하고, 그 덕분에 성공과 행복을 맛본다. 반면 적응력이 떨어지는 일차적 자아 때문에 고통과 좌절을 경험하고 실패했다고 느끼기도 한다. 대부분의 일차적 자아는 삶의 한 영역에서는 뛰어나지만 다른 영역에서는 그렇지 못하다.

예를 들어, 내가 일을 아주 열심히 하는 사람이라면 나의 일차적 자아는 (일을 아주 열심히 하는 법을 아는) 밀어붙이는 자와 (일을 제대로 하는 법을 아는) 완벽주의자이고, 따라서 나는 일에서 큰 성공을 거둘 가능성이 높다. 하지만 나는 긴장을 풀고 스스로 혹은 다른 사람들과 함께 즐기는 것은 어려워할 수 있다. 남편과 아이들, 친구들을 바라볼 때 나는 그들이 해야 하는 일이나 그들이 스스로를 향상시킬 수 있는 방법을 생각할 것이다. 느긋하게 이 순간을 함께하면서 있는 그대로 즐기지 못할 것이다.

깨어 있는 에고는 새로운 종류의 자아다. 깨어 있는 에고는 일차적 자아를 인식하지만, 그들과 동일시되지도 않고 그들의 지배를 받지도 않는다. 나의 깨어 있는 에고는 나의 밀어붙이는 자와 완벽주의자가 제공하는 것을 이용하지만, 동시에 삶에는 일차적 자아가 알고 있는 것보다 더 많은 것이 있다는 것을 안다.

그럼 지금까지 내가 해온 일이 잘못됐다는 뜻인가?

아니다! 절대 그렇지 않다! 일차적 자아를 통해 살아가는 것은 결코 잘못되지 않았다. 일차적 자아는 마음에서 우러나오는 진심 어린 감사를 받을 자격이 있다. 일차적 자아는 주변 세상을 이해할 수 있게 하고 우리를 돌봐주는 자다. 우리 모두에게 일차적 자아가 있고 대부분 일차적 자아의 지배를 받으며 살고 있다. 대다수는 이런 사실을 모르고 자신이 자유롭게 선택한다고 생각한다. 의식적으로 삶의 경로를 결정하고 있다고 생각하는 것이다.

이 지점에서 바로 깨어 있는 에고라는 개념이 등장한다. 나의 깨어 있는 에고가 눈을 뜨면서 나는 일차적 자아에서 분리되어, 내가 아니라 일차적 자아가 내 삶을 살아왔다는 사실을 말 그대로 자각하게 된다. 나의 깨어 있는 에고가 삶의 집행 기능을 넘겨받기 시작하고, 깨어 있는 에고는 대극 사이에 서 있기 때문에 선택을 하기 시작한다. 그렇다고 지금까지의 내 삶이 실수의 연속이었다는 의미는 아니다.

옳고 그름의 문제가 아니다

깨어 있는 에고가 눈을 뜨면서 나는 밀어붙이는 자를 인식하기 시작한다. 밀어붙이는 자는 신호등에서 정지해 기어가 중립에 놓여 있을 때조차 내 심리적인 자동차의 가속 페달을 밟아대는 자아다. 이제는 남편과 베란다에 앉아 일몰을 즐기고 있을 때에도 밀어붙이는 자가 내 귀에 대고 이렇게 속삭인다는 사실을 인식한다. "어떻게 여기 앉아 있을 수가 있어? 써야 할 원고가 산더미처럼 쌓여 있잖아."

바로 이 지점에서 나는 원래의 운영 자아인 밀어붙이는 자에서 '깨어 있는 에고'로 옮겨 갔다. 나의 깨어 있는 에고는 밀어붙이는 자의 경험과 참을성 없는 요구들을, 밀어붙이는 자에 대한 '알아차림'과 결합한다. 이것이 우리가 이 새로운 자아를 깨어 있는 에고라고 부르는 이유다. 깨어 있는 에고는 자아들과 분리되어 있으면서도 자아들(이 경우에는 밀어붙이는 자)의 정보와 경험을 활용한다.

의식은 세 파트로 이루어져 있다. 깨어 있는 에고, 알아차림 또는 목격자^{witness}, 자아들의 경험이 그것이다. 여러분은 이미 자아가 무엇인지 알고 있다. 알아차림은 객관적 관찰, 통찰, 명상이라는 목격자의 상태다(많은 영적 구도자들이 추구하는 상태이기도 하다). 깨어 있는 에고는 이 모든 소식통에서 오는 정보를 사용하여 결정을 내린다.

이제 베란다에 앉아 있는 나, 그리고 나를 압박하는 밀어붙이는 자 얘기로 돌아가보자. 새롭게 눈을 뜬 나의 깨어 있는 에고가 작동하고 있다. 깨어 있는 에고는 밀어붙이는 자의 존재를 알고 그 불안을 느낄 수 있지만, 그 불안과 자신을 동일시하지 않는다. 다시 말해 깨어 있는 에고는 밀어붙이는 자의 요구 사항을 반드시 행동으로 옮겨야 한다고 느끼지 않는다. 밀어붙이는 자의 관점이 이 상황을 보는 유일한 방식은 아니기 때문이다. 따라서 나는 내 안에 밀어붙이는 자와는 다른 시각으로 해야 할 일을 바라보는 자아들이 있다는 것을 알게 된다. 앞 장에서 살펴본 균형 잡는 자아들에 대해 생각해볼 수 있는 지점이다. 어쩌면 지금이 아내/배우자나 존재하는 자아, 아니면 아프로디테를 불러내야 할 시간일 수 있다. 이 가운데 누군가가 베란다에서 남편과 일몰을 보는 시간이 책상 위에 쌓여 있는 일거리보다 더 중요하다고 내게 말해줄 것이다.

그렇다면 누구의 견해가 옳은가? 모두 다 옳다. 내가 지금 일을 해야 하는가 말아야 하는가? 무엇이 옳은 일인가? 여기서 '옳은' 일은 없다. 바로 여기가 이원성을 넘어 깨어 있는 에고의 영역으로 옮겨 가야 할 지점이다. 두 관점이 다 근거가 있다는 것을 알면서 대립되는 두 생각 사이에 서 있을 때, 어떻게 행동할지에 대한 선택권은 나에게 있다. 밀어붙이는 자가 나름의 제안을 할 것이고, 다른 자아들은 다른 제안을 할 것이다. 갈등이 있다 하더라도 나는 이원성을 넘어 대극에 기반을 두고 선택할 수 있는 길이 있음을 안다.

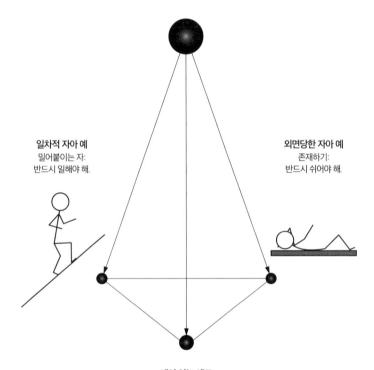

[그림 1] 이원성을 넘어: 안정적인 위치

깨어 있는 에고는 놀라울 정도로 창조적이다. 양쪽 모두를 고려해서 예전에는 풀 수 없던 문제에 새로운 해결책을 내놓을 수 있다. 그리고 이것 아니면 저것이라는 이분법적 방식이 아닌 완전히 포괄적인 방식으로 문제에 접근할 수 있다. 자문가 집단의 제안을 골고루 받아들여 이를 아우르면서도 기존의 것과 다른 해결책을 생각해내는 사람처럼 말이다. 깨어 있는 에고는 우리를 이원론적인 사고 너머로 데려간다.

때로 깨어 있는 에고는 베란다에서 내가 느꼈던 딜레마 같은 구체적인 문제를 해결하거나 즉각 결정을 내릴 수 있다. 베란다의 경우 잠시 짬을 내어 그날 저녁 늦게, 혹은 다음 날 글을 쓰는 게 해결책이 될 수 있겠다. 밀어붙이는 자는 내가 자신의 염려를 진지하게 받아들였음을 알기 때문에 긴장을 풀 수 있을 것이다. 그러면 나도 긴장을 풀고 계속 베란다에서 시간을 보낼 수 있다. 이때의 해결책은 상당히 간단하고 단순하다.

하지만 문제의 양쪽을 고려할 때 반드시 특정한 때에 일 처리를 해야 한다는 건 분명하지만, 내가 나의 '존재' 자아(무얼 하기보다는 그냥 앉아 있을 수 있는 자아)뿐 아니라 남편과도 연결될 필요가 있다면 어떨까? 나는 이 어려운 문제를 다루기 위해 이원론적 사고와 이원성을 넘어서야만 한다.

다행히 깨어 있는 에고는 이원성 너머의 영역에 존재하기 때문에 말 그대로 대극을 품을 수 있다. 우리 개개의 자아들은 그렇게 할 수 없다. 나의 밀어붙이는 자는 남편과 접촉할 수 없다. 그건 그 자아가 하는 일이 아니다. 밀어붙이는 자는 정서적인 상호 작용에 관여하지 않는다. 한편 나의 존재하는 자아는 글을 쓸 수 없다. 그 자아는 집중하는 작업을 할 수 없다. 다시 한 번 베란다에 있는 상황으로 돌아가자. 양립할 수 없는 대극을 담기 위해 나의 깨어 있는 에고는 어떤 행동을 할까? 무엇을 할까? 어떻게 보일까? 아니, 그보다 어떤 느낌일까?

나의 깨어 있는 에고는 아마도 남편과 다정한 '존재'의 연결, 혹은 에너지 차원에서 결합하는 시간을 보낼 것이다. 이것은 내가(더 정확히는 나의 깨어 있는 에고가) 옆방에서 일을 하더라도 유지할 수 있는 종류의 에너지 연결이다. 우리가 처음 사랑에 빠질 때나 아이를 가질 때 자동적으로 구축되는 연결이다. 서로가 다른 방, 다른 건물, 심지어 다른 도시나 나라에 있어도 이 본질적인 연결은 사라지지 않는다.

일을 하면서도 남편과 이런 종류의 에너지 연결을 유지할 수 있는 것은 내가 이원성을 넘어서서 작동할 때에만 가능하다. 이 예시에서는 밀어붙이는 자가 아니라 깨어 있는 에고가 일을 할 때 가능하다. 나의 밀어붙이는 자가 일을 한다면 나는 누구와도 연결되지 않은 채 그냥 '행위'를 할 뿐이다. 따라서 비법은 일하는 동안 두 자아 모두와 연결을 유지하는 것, 즉 대극의 균형을 잡는 것이다.

대극 사이에서 균형 잡기

한 발로만 인생을 헤쳐나가는 모습을 그려보라. 나의 밀어붙이는 자가 오른발이라고 생각해보자. 그렇게만 해도 살아갈 수는 있을 것이다. 반대로 나의 존재하는 자아를 왼발이라고 생각해보자. 나는 밀어붙이는 자를 버리고 존재하는 자아로만 살 수도 있다. 왼발로만 깡충거리며 살아가는 것이다. 오른발이든 왼발이든 한쪽만으로는 어색하고 불안정해서 나는 쉽게 쓰러지거나 기울어질 것이다. 깨어 있는 에고는 양발을 다 사용하여 살아간다. 나는 더 안정되어 있고 더 균형이 잡혀 있다. 거친 지형을 걸어갈 때도 균형을 잃지 않고 다른 사람이 밀어도 쉽게 넘어지지 않을 것이다.

일하는 동안에 어떻게 두 발로 걸을 수 있을까? 나의 깨어 있는 에고는 어떻게 대극을 지속해서 알아차리고 연결되어 있을 수 있을까? 앞의 경우, 나는 일을 하는 동안 음악을 틀거나 향을 피워 영혼이 깃든 작업이 되도록 할 것이다. 일하는 동안 존재하는 자아를 보살펴 밀어붙이는 자가 이 일을 장악하지 않도록 하는 것이다(밀어붙이는 자는 분명 그렇게 하려 들 것이다). 반대로, 나는 향과 음악과 존재하는 자아에 휩쓸려버릴 수도 있다. 그렇게 되면 그저 깡충거리던 발을 오른발에서 왼발로 바꾼 것밖에 안 된다. 여전히 양쪽 발을 사용하지 않는다는 것은 마찬가지다. 존재하는 자아에 장악되면 나는 밀어붙이는 자와의 연결을 놓치고 일을 전혀 할 수 없을 것이다. 나의 깨어 있는 에고는 대극을 담고 양발을 쓰도록 하며, 이 모든 연결을 동시에 유지할 수 있다. 크게 힘들이지 않고 될 때도 있지만, 많이 불편할 때도 있다.

이분법에 사로잡히지 않으려면

내면 가부장은 이원적이며, 앞에서 언급한 식으로 생각하는 것을 용인하지 않는다. 기본적인 가부장적 관점은 다음과 같다. '옳은 방법과 틀린 방법이 있다.' 나의 밀어붙이는 자는 옳거나 틀렸거나 둘 중 하나다. 밀어붙이는 자가 하는 말이 옳다면, 내가 깨어 있는 에고를 각성하기 위해 애쓸 필요가 뭐가 있겠는가? 그냥 과거에 하던 대로 하는 게 최선이라면 나는 분명 많은 업적을 달성할 것이다. 반대로 밀어붙이는 자가 틀렸다면, 행동 방식을 바꿔서 지난 59년간 했던 것이 틀렸다는 사실을 받아들이고 다르게 행동하면 된다. 하지만 내가 해온 방식이 틀렸다는 생각은 나의 밀어붙이는 자와 내면 가부장을 매우 불쾌하게 할 거란 걸 인정해야만 한다. 둘 다 실수하는 것을 좋아하지 않는다. 안타깝게도 실수는 그들의 이원적 사고방식 아래에서는 불가피한 부분이다!

우리가 깨어 있는 에고를 각성시키고 대극들 사이에 서려 노력할 때, 내면 가부장이 수행하는 역할이 하나 더 있다. 내면 가부장은 우리가 알건 모르건 우리에게 영향을 미치는 일련의 규칙과 가치를 갖고 있다. 그것은 어떤 모습일까?

다시 한 번 베란다에서 일몰을 보고 있는 나의 갈등 상황으로 되돌아가보자. 세심하게 살펴보면 이 작은 드라마에 다른 등장인물이 존재한다는 걸 눈치 챌 수 있다. 그러나 이 등장인물은 그림자 영역에서 작동한다. 나의 내면 가부장은 무의식에서 작용하며 밀어붙이는 자에게 동의하고 있을 것이다. 어쨌거나 나의 내면 가부장은 눈에 보이는 노동을 가치 있게 여기고 휴식과 즐거움은 잘 견디지 못한다. 내가 질병에서 회복 중인 상태가 아니라면 말이다. 그는 균형을 무너뜨리고 일을 하도록 나를 들여보냈을 것이다. 오른발로 깡충거리면서.

한편, 나의 내면 가부장은 밀어붙이는 자와 반대 입장일 수도 있

내 안의 가부장

다. 나의 존재하는 자아와 연합해 남편을 보살피는 것이 중요하다고 강조할 수도 있다. 그 경우 내면 가부장은 관계의 중요성을 설교하며 내게 긴장을 풀고 가만히 앉아 남편에게 집중하라고, 해야 할 일은 잊어버리라고 할 것이다. 밀어붙이는 자로서는 당연히 받아들이기 몹시 어렵겠지만 나는 그 말을 따를 것이다. 내면 가부장은 매우 설득력이 있기 때문이다. 이렇게 되면 나는 왼발로 깡충거리는 것이다. 나는 베란다에서 계속 시간을 보내며 일에 대해서는 아무런 조치도 하지 않는다. 내면 가부장이 시키는 대로 베란다에서 시간을 보내고 나면, 내면 가부장은 내가 관계를 위해 들인 시간과 노력을 조금도 존중하지 않을 것이다. 일거리는 여전히 쌓여 있는 상태다. 내면 가부장이 우리를 미치게 하는 것도 당연하다! 때로는 해도 욕을 먹고, 안 해도 욕을 먹는다.

내가 내면 가부장에 대해 모른다면 나의 깨어 있는 에고는 이런 정보에 접속할 수 없고 의사 결정에 활용할 수도 없다. 하지만 내면 가부장에 대해 알고 있다면 깨어 있는 에고는 관련 지식을 데이터 뱅크에 추가해 이를 활용하여 작업한다. 아울러 약간의 노력으로 부정적인 영향 또한 현저히 감소시키면서 결정을 내린다. 내면 가부장에 대해 무지할 경우엔 어떤 일이 일어날까?

내면 가부장을 알아차리는 방법

다시 한 번 베란다로 돌아가보자. 이번에는 상황이 조금 다르다. 이른 저녁 남편과 나는 조용히 앉아 우리 집 작은 연못에서 사슴이 물

마시는 모습을 바라보고 있다. 우리는 정원에서 함께 일한 뒤 평화롭게 휴식하고 있다. 우리의 존재하는 자아가 삶을 즐기고 있다. 이 상태로 한동안 시간이 흐른다. 그러다 점차 나는 다른 일로 옮겨 갈 준비가 되었음을 깨닫는다. 하지만 계속 가만히 앉아 있는다.

나는 하루 종일 글을 쓰지 않았다. 왜냐하면 전날 즐겁게 글을 쓰기는 했지만 지금은 쉬어야 할 때라고 생각했기 때문이다. 조용히 앉아 있으면서 이 책에 대해 생각하기 시작한다. 아이디어가 떠오른다. 좋은 아이디어를 아직 생생할 때 적어두고 싶다. 하지만 아름다운 휴식을 끝내는 데 약간의 죄책감을 느껴서 그 자리에 계속 앉아 있는다. 가만히 있기가 좀 힘들어졌지만, 나는 여전히 움직이지 않는다. 내가 뭔가를 기다리고 있는 것 같은데 그게 뭔지 모르겠다.

나는 왜 움직일 수 없나? 나를 그곳에 계속 머무르게 하는 것은 무엇인가? 내가 인식하지 못하는 영역, 즉 무의식에서 무언가 일어나고 있다. 일차적 자아가 작동하고 있지만, 그것은 무의식에서 작동하는 자아다. 이 자아는 밀어붙이는 자와는 다르다. 일차적 자아란 점에서는 동일하지만 밀어붙이는 자는 의식의 영역에서 작동한다. 밀어붙이는 자가 하는 말을 나는 항상 듣고 있다. 나의 밀어붙이는 자는 접근하기 쉽고 의식적이며 거침없이 말한다. 나는 밀어붙이는 자가 가장 좋아하는 말을 하는 내면의 목소리를 종종 듣는다. "이건 1분 정도면 끝나"라든지 "이걸 마치고 나면 기분이 훨씬 좋아질 거야"와 같은 말이다.

내면 가부장은 다르다. 나는 그의 생각에 쉽게 접근할 수 없다. 이 순간 그에게 주파수를 맞출 수 있다면 그가 이런 말을 하는 걸 들을 수 있을 것이다. "이렇게 사랑이 넘치는 순간에 남편을 떠날 순 없지. 잘난 일 때문에 남편을 혼자 둔다고? 그건 착한 아내가 할 행동이 아니야. 착한 아내는 남편이 자리를 뜰 준비가 될 때까지 기다려. 남편이 주도하도록 한다고." 이것은 관계에 관한 그의 규칙에 해당한다. 하지만 이 순간 나는 내면 가부장의 존재를 알아차리지 못하고 있다. 그는 무의식에서 작동하고 나는 그의 규칙에 복종하는 착한 딸이다. 나는 남편이 떠날 때까지 의자에 못 박힌 듯 앉아 있는다.

이렇게 지연이 길어지면 나는 착한 딸에서 나쁜 딸로 바뀔 수 있다. 여전히 자리를 지키고 앉아 있지만 내가 글을 쓰도록 남편이 허락하지 않았다는 생각에 그에게 화가 난다. 어쩌면 그가 의도적으로 내가 정말 하고 싶은 일을 못 하게 하고 있다고까지 생각한다. 화가 나다 못해 반항하고 싶어질 때까지 계속 앉아 있을 수도 있다. 그러다 그의 배려심 없는 태도에 잔뜩 화가 나 베란다를 떠난다. 불행히도 남편은 이런 상황에 대해 전혀 모른다. 이 모든 일은 나의 내면에서 일어난다. 기본적으로 나와 나의 (무의식에 존재하는) 내면 가부장 사이의 상호 작용이기 때문이다.

반면 내가 나의 내면 가부장에 대해, 그리고 내면 가부장이 무의식에서 내 생각을 지배하는 방식에 대해 알고 있다고 가정해보자. 내 생각은 그에게서 조금 떨어져 깨어 있는 에고에 의해 작동되고 있다. 나는 무언가가 진행되고 있음을 인식한다. 내가 성인 여성이 아니라 딸처럼 행동하고 있기 때문이며 이런 행동이 나의 내면 가부장과 관련이 있다는 걸 자각한다. 내가 규칙을 따르고 있다는 것을 느끼며 그 규칙이 무엇인지 궁금해한다. 나는 주파수를 맞춰 '착한 아내는 남편이 자리를 뜰 준비가 될 때까지 기다린다. 남편이 주도하도록 한다'는 규칙을 찾아낸다.

나의 깨어 있는 에고는 대극을 모두 품을 수 있다. 관계를 소중히 해야 한다는 내면 가부장의 요구와 글을 쓰고 싶은 나의 욕구 모두를 동시에 품을 수 있는 것이다. 깨어 있는 에고는 내면 가부장의 상황 해석보다는 현실을 확인하면서 자유롭게 움직일 수 있다. 나의 깨어 있는 에고는 남편이 바라는 바와 접촉하면서도 다음에 무엇을 할지 독립적으로 결정할 수 있다.

내면 가부장을 알아차리고 그의 목소리를 무의식의 그림자에서 의식의 빛 안으로 가져올 수 있는 매우 실용적인 방법이 또 있다. 나는 내면 가부장이 느끼는 내용을 듣기보다 남편에게 직접 어떻게 느끼는지 물어볼 수 있다. 어쩌면 남편은 잠시 더 같이 있기를 바랄지도 모른다. 그러면 이를 나 자신의 욕구와 비교하며 저울질해야 한다. 반대로 남편은 내 기분이 상할까 봐 내가 먼저 일어나기를 기다리는 중일 수도 있다. 서로 상대가 먼저 일어나기를 기다리는 중일 수도 있는 것이다. 어쩌면 그는 내가 컴퓨터 앞에서 일하는 소리를 좋아해서, 그 소리를 들으면 기분이 좋아지기 때문에 내가 잠시 들어가서 글을 쓰는 걸 더 좋아할 수도 있다. 아니, 심지어 그 순간 내가 뭘 하든 그에게는 별문제가 되지 않을 수도 있다. 직접 묻기 전까지 당연히 나는 알 수 없을 것이다.

이제야 안정을 찾다

보다시피 세상에 대한 이원적 견해를 넘어서면 많은 정보와 유연성과 균형을 갖게 된다. 말 그대로 무게중심이 낮아져 더 안정되는 것이다. 이원성 안에서 살아간다면 시소를 타듯 대극 사이를 왔다갔다하게 된다.

나와 다른 일차적 자아를 가진 사람과 상호 작용할 때 대극 사이를 오가는 모습은 어떨까? 일차적 자아가 주도하고 있는 상황에서 내 쪽에 모든 무게를 실으면 시소는 내 쪽으로 기울어 반대편에 탄 당신은 계속 공중에 떠 있게 된다. 하지만 당신이 반대편에 앉아 나의 외면당한 자아 쪽에 약간의 무게를 더할 수 있다면, 당신 쪽으로 시소가 기울 것이고 나는 공중에 계속 머무를 것이다. 그러면 나는 모든 힘을 잃어버릴 것이다. 기본적으로 나는 시소의 한쪽과(어쩌면 이기적이지 않은 부분과) 나를 동일시하고 반대편(이기적인 부분)과는 의절한 채 반대편이 잘못되었다고 취급해왔을 수 있다.

[그림 2]는 내가 어떻게 시소를 탄 채 올라갔다 내려갔다 하는지를 생생하게 보여준다. 그러나 시소를 타는 또 다른 방법이 있다. 빈 시소의 양쪽에 발을 한쪽씩 걸치고 서 있어본 적이 있는가? 그건 움직임과 균형의 경계에 서 있는 듯한 느낌이다. 참으로 대단하다. 우리는 양쪽을 동시에 책임지고 아주 작은 변화에도 반응하며 원하는 대로 대극 사이를 움직일 수 있다.

예를 들어서 나는 일부일처제에 충실한 사람이지만 당신은 아니라고 가정해보자. 당신은 내게 그건 바보 같은 삶의 방식이라 말한다. 내가 이원적 삶을 살고 있다면, 이런 견해를 갖게 만든 것은 깨어 있는 에고가 아니라 일차적 자아다. 나는 한쪽 발, 곧 '일부일처

일차적 자아
모든 무게를 갖고 있다
행동을 결정한다

외면당한 자아
무게가 없다
무시당한다

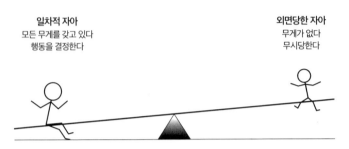

이원성 = 깨어 있는 에고 없음
오르락내리락이 잦다

깨어 있는 에고

일차적 자아

외면당한 자아

이원성을 넘어
깨어 있는 에고가 대극과 함께 산다

[그림 2]

제에 충실한' 발로 깡충거리고 있다. 나는 당신이 한 말에 동의하며 스스로 바보 같다고 느끼거나, 당신 말에 동의하지 않고 당신을 어리석다고 판단할 수 있다. 어느 쪽이든 내 상황은 안정적이지 않다. 상대의 말에 내 평형 상태가 깨질 수 있기 때문이다. 우리는 더 이상 서로를 존중하는 친구가 될 수 없다.

하지만 만일 깨어 있는 에고가 작동 중이면 나는 내면 가부장에게 주의를 줄 뿐 아니라 내 아프로디테의 갈망을 알아차릴 것이다. 나는 양쪽에 한 팔씩 걸치고 살아갈 것이다. 이미 내면에서 갈등을 다뤘기 때문에 삶의 방식에 대한 당신의 반응에 놀라지 않는다. 나는 "일부일처제의 삶은 바보 같다"는 당신의 말에 균형을 잃지 않는다. 내 안에 당신에게 전적으로 동의하는 부분이 존재하는 걸 안다. 하지만 어찌 됐든 나는 선택을 했다. 한 발로 깡충거리는 것이 아니라 두 발로 걷고 있다. 나는 시소의 중심에 서 있다. 내 평형 상태는 깨지지 않았고 내 위치를 유지하기 위해 당신이 틀렸다고 할 필요가 없다.

깨어 있는 에고를 통해 나는 혼돈과 형태 사이의 가장자리를 걸어가며 균형을 유지할 수 있다. 마이클 크라이튼의 책 『잃어버린 세계 The Lost World』가 이 점에 대해 훌륭하게 기술하고 있다.

> 복잡한 시스템은 질서에 대한 요구와 변화에 대한 명령 사이에서 균형을 유지하고 있는 것 같다. 복잡한 시스템은 '혼돈의 가장자리' 라고 부르는 곳에 위치하는 경향이 있다. 우리는 혼돈의 가장자리를 이렇게 상상한다. 즉, 살아 있는 시스템을 활기차게 지속하는

혁신과 무정부 상태가 되지 않도록 시스템을 유지하기 위한 충분한 안정성이 존재하는 장소라고 상상한다. 혼돈의 가장자리는 갈등과 격변의 영역으로, 낡은 것과 새로운 것이 끊임없이 전쟁을 벌이고 있다. 균형점을 찾는 것은 민감한 문제다. 살아 있는 시스템이 혼돈에 너무 가까워지면 일관성이 결여되고 해체될 위기에 처한다. 반대로 가장자리에서 너무 멀어지면 시스템은 엄격하고 경직되며 전체주의가 되어버린다. 두 상황 모두 멸망에 이르는 길이다. 변화가 너무 많은 것도 너무 적은 것만큼이나 파괴적이다. 복잡한 시스템은 혼돈의 가장자리에서만 번창할 수 있다.

깨어 있는 에고의 영역은 정적이기보다는 동적이며, 끊임없이 움직인다. 내면 가부장의 염려를 고려하면서 새롭고 신나게 움직인다. 깨어 있는 에고는 도달할 수 있는 목적지라기보다는 살아내야 하는 과정이다. 이는 우리에게 더 많은 선택지와 더 많은 가능성과 더 많은 방향을 선사한다. 우리는 더 이상 '이것 아니면 저것'이라는 이분법적 방식을 취급하지 않고, 대신 '그런 것도 있다'라는 측면에서 생각할 수 있다. 우리는 저글링을 하거나 춤추는 사람처럼 삶을 살아갈 수 있다. 저글링을 하고 함께 춤추는 대상은 에너지다. 다음 장에서는 바로 이 에너지에 대해 살펴보겠다.

13장
가부장의 딸, 독립하다

수천 년 동안 여성은 적극적으로 세상에 열려 있으라고, 인간적이고
수용적인 사람이 되라고 교육받았다. 에너지 장을 열어둔 상태로 살아
가도록, 삶에서 중요한 사람들과 어울리도록 훈련받았다.

앞 장에서 나는 깨어 있는 자아가 어떻게 우리에게 삶을 살아가는
새로운 방법을 제공하는지 이야기했다. 일단 변화를 만들어내고, 우
리가 살아가는 기계론적이고 이원론적인 세상을 향해 마음을 연다
면, 우리는 삶을 다르게 바라볼 것이다. 또한 세상의 작동 방식을 설
명하는 새로운 이론을 찾고 오래된 기술에 추가할 새로운 기술을 찾
을 것이다. 카오스 이론처럼 혼란스럽고 단절된 듯 보이는 상황 속
에 존재하는 반복적인 패턴을 볼 것이다. 인과관계만 고려하는 식의
단순한 사고를 넘어서 동시성(또는 우연성), 즉 반드시 인과적으로 연

결된 것이 아닌 두 사건이 어떤 방식으로든 상관관계가 있다는 생각을 할 것이다. 시간과 공간과 에너지가 이전과 달리 분명하게 구별되지 않는다.

　이 장에서 다루는 기술은 우리 자신의 에너지 장을 다루기 위한 것이다. 권위를 되찾고 부당한 외부의 영향력에서 멀어질 수 있는 또 다른 방법이기도 하다. 내면 가부장은 기본적으로 개인의 내적 충동을 통제할 수 없다고 보기 때문에 외부에서 강요된 규칙과 요구 사항에 집중한다. 외부의 통제가 필요할 때도 가끔 있지만, 여성 스스로 내면 가부장에게 주권을 내어주도록 조장하는 경향이 있다. 여성의 에너지와 에너지 장에 대한 통제권을 내면 가부장에게서 넘겨받으면 (여성이 스스로를 책임지기 때문에) 내면 가부장은 안심하며, 그의 힘은 약화된다.(더 이상 같은 방식으로 여성을 보호할 필요가 없기 때문이다.)

에너지가 삶과 건강에 미치는 영향

몸의 에너지 장場에 관한 지식은 오랜 시간에 걸쳐 축적된 것이다. 수천 년간 중국 한의학자들은 몸속의 에너지 체계에 집중해왔다. 한의사는 신체 에너지, 즉 '기'가 '경락'이라는 것을 따라 사람의 몸 전체를 순환하며 움직인다고 본다. 이는 혈액이 순환계로 퍼져나가거나 자극이 신경계의 경로를 따라 움직이는 것과 유사하다. 한의사는 기와 경락의 균형을 잡고 기가 막힌 곳은 침술이나 에너지에 기반한 약과 의료 기술로 치료한다. 기가 다시 자유롭게 흐르면 몸은 타고난 균형과 기능을 순조롭게 되찾을 수 있다. 그런데 에너지 장은 물리적인 몸의 경계에 국한되지 않는다.

나는 물리적인 몸을 넘어 눈에 보이지 않는 에너지에 대해 말하려고 한다. 우리가 몸을 볼 수 있는 것은 물리적인 몸의 에너지가 눈으로 감지할 수 있는 속도로 진동하기 때문이다. 가시광선의 스펙트럼에서 적색이나 청색을 보는 이유도 이와 같다. 적색이나 청색의 진동 주파수가 눈의 작동 메커니즘에 의해 감지 가능하기 때문이다. 하지만 몸을 넘어 확장되는 에너지 장은 다르다. 이 에너지 장은 적외선, 자외선, 혹은 엑스선과 같다. 대부분의 경우 눈으로 볼 수 없지만 이들 또한 진동하는 에너지이며 몸에 영향을 미친다.

어떤 사람들은 우리 몸에서 외부로 퍼져나가는 에너지 장을 볼 수 있고, 새로 개발된 기계로 이 모습을 촬영할 수도 있다. 정체를 알지 못하더라도 누구나 에너지 장을 경험한다. 타인의 에너지 장이 우리의 에너지 장을 어루만지면 온기를 느끼고, 에너지를 거둬들이면 서늘함을 느낀다. 그런 느낌을 표현할 마땅한 단어가 없을지는 몰라도 모두가 잘 알고 있는 감각이다.

누군가 당신의 에너지 장 안으로 들어와 불편해진 경험이 있을 것이다. 이때 당신은 상대가 너무 가까이 있는 것 같아 불편하고, 좀 떨어져 있었으면 하고 바란다. 때로 상대가 물리적으로 거리를 두고 있어도 내 공간을 침범당한 느낌이 들기는 마찬가지다. 이는 상대가 당신의 에너지 장을 실제로 건드리거나 침범하는 선까지 에너지 장을 확장했음을 의미한다. 의도적 행동일 수도 있고, 자신이 무엇을 하고 있는지, 얼마나 남의 공간을 침범하고 있는지 자각하지 못하고 있을 수도 있다.

반대의 경험도 있을 것이다. 누군가 당신에게 말을 하고 있는데도 아무도 없는 것처럼 외롭게 느껴질 때도 있다. 그건 그 사람의 에너지가 당신과 함께 있지 않다는 의미다. 예를 들어, 누군가 "사랑해요"라고 말한다. 그런데 기쁘기보다 우울하다. 뭔가 빠져 있다. 말로는 사랑한다는데 말에 동반되는 에너지는 어쩐지 아니다. 그 사람이 진정으로 당신과 함께 있고 당신을 사랑한다는 에너지 차원의 연결이 부재한 것이다.

이런 종류의 에너지에 대해 잘 알고 있는 사람들이 있다. 뛰어난 엔터테이너는 언제나 에너지 장의 마스터들이다. 공연을 할 때 이들은 필요에 따라 다른 에너지(또는 하위 인격체들) 사이를 들락날락한다. 이들은 자신의 에너지 장을 거대한 원형 극장의 뒷자리에 앉은 사람들까지도 느낄 수 있도록 확장한다. 합기도 같은 무술을 연마하는 사람들은 보호와 힘을 위해 이런 에너지를 사용한다.

남편 할 스톤은 에너지 장이 우리의 삶과 관계 그리고 건강에 미치는 역할을 탐구한 선구적인 연구자로 널리 알려져 있다. 지금부터 제시하는 연습 방법은 그가 수년간 개발한 것이다. 연습을 통해 자신을 둘러싼 에너지 장을 다루는 법을 익힐 수 있다.

타인과 나의 경계 설정하기

수천 년 동안 여성은 적극적으로 세상에 열려 있으라고, 인간적이고 수용적인 사람이 되라고 교육받았다. 에너지 장을 열어둔 상태로 살아가도록, 삶에서 중요한 사람들과 어울리도록 훈련받았다. 수용적인 태도를 유지하는 것, 손만 뻗어도 바로 닿을 수 있는 자리에 항상 있는 것, 다른 사람들과 원활하고 기분 좋게 상호 작용하는 것, 에너지를 타인의 에너지에 녹아들게 하는 것. 이런 것들이 여성적 능력이라는 걸 누구나 '안다'. 내면 가부장은 이에 대해 아주 열정적이다. 그는 마음먹은 대로 써먹을 수 없는 에너지를 가진 여성을 좋아하지 않는다.

여성으로서 자신의 에너지 장에 대해 어느 정도 인식하고 이를 열린 상태로 유지할지 말지를 제대로 선택하는 것이 아주 중요하다. 남성은 경계를 긋고 객관적 태도를 유지하고 독립적인 사람이 되도록 훈련받았다. 자기만의 고유한 에너지 공간과 실재^{reality}를 규정하는 법을 아는 것이다. 여성은 직장에서 독립적이고 객관적인 사람이 되는 법은 배웠을지 모르지만, 가정이나 관계에서는 그렇게 하지 못하는 경우가 많다.

자신의 내면에서 이런 자질을 개발하는 몇 가지 방법이 있다. 잠시 시간을 내 조용히 자리를 잡고 앉는다. 당신의 등줄기를 타고 내려가는 빛나는 중심부를 떠올려보라. 이 중심부에서 나온 에너지가 황금빛처럼 퍼져나간다. 이 빛이 당신을 편안하고 수월하게, 거칠거나 방어적이지 않게 품는 것을 느껴본다. 이제 당신의 에너지 장이 당신을 부드럽게 둘러싸고 있다. 에너지 장에는 외부와 경계를 이루는 가장자리가 있지만, 당신을 다른 사람들과 분리하는 벽 같은 것은 아니다. 당신은 다른 사람들에게서 살짝 떨어져 있을 뿐이다. 그들을 볼 수 있고 그들과 함께 있을 수 있다. 당신과 다른 사람들이 하나의 그림을 이룬 색채라고 생각해보라. 색채들은 서로 섞이지 않지만 그렇다고 뚜렷한 검은 선으로 분리되지도 않는다. 두 색은 나란히 칠해져 있고, 각자 나름대로 존재한다.

당신이 에너지 장을 보유하는 훈련을 할 때 쓸 수 있는 또 다른 이미지가 있다. 에너지 장을 보유하는 데 뛰어난 여성을 그려보고 그녀를 모델로 삼는 것이다. 예컨대 배우 캐서린 헵번과 메릴 스트립 둘 다 자신의 여성성을 잃지 않으면서도 개인의 감정을 섞지 않은 자립적인 에너지를 갖고 있다. 마치 다음과 같은 메시지를 전하는 분명한 경계를 항상 자동적으로 유지하고 있는 것 같다. "여기까지는 다가와도 되지만, 내가 응하기 전에는 더 다가오지 마세요." 도전도 처벌도 아니다. 다른 의도 없이 단순히 사실만을 전달할 뿐이다.

이런 종류의 단순한 분리로는 충분하지 않을 때가 있다. 이 세상에는 에너지를 자유자재로 다루며 당신의 공간으로 들어오려는 사람들이 있다. 의식적이든 무의식적이든 그들이 당신 공간으로 들어오려 할 때, 당신의 재량으로 이들을 나가게 할 수 있는 능력과 권위를 갖는 것은 중요하다. 당신의 몸은 당신의 것이고 그 주위의 에너지 영역 또한 당신의 것이다. 당신이 다스리는 영역이고 입장을 허락하는 궁극의 권위도 당신에게 있다.

단순한 경계만으로 충분하지 않을 경우를 대비해 더 강한 걸 연습해야 한다. 당신을 둘러싼 에너지 장을 강화할 수 있는 다이얼을 돌린다고 상상해보라. 당신은 원하는 만큼, 누구도 들어올 수 없을 정도로 에너지 장을 강하게 만들 수 있다. 에너지 장을 강력하게 혹은 더 두껍게 할 수 있다. 도움이 된다면 색깔을 더할 수도 있다.

에너지 방패 만들기

에너지 장을 보호하는 마지막 수단으로 당신은 방패를 만들어 에너지 장을 둘러쌀 수 있다. 처음에는 이미지화를 통해 방패를 만들겠지만 그림을 그리거나 조각을 하거나 입체감 있게 만들어볼 수도 있다. 다시 한 번 짬을 내어 방해받지 않고 홀로 있는 시간을 가진다. 이제 조용히 자리에 앉아 몇 차례 깊게 호흡하며 이완한다. 당신 안의 중심부 에너지와 주변의 에너지 장을 느껴본다. 이제 에너지 장을 완전히 감싸 당신을 보호하는 방패를 그려본다. 방패는 달걀 모양으로, 그 안에서 팔다리를 움직일 수 있을 정도의 충분한 공간을 두고 당신을 완전히 둘러싼다. 원한다면 심장과 골반 주위에 혹은 당신이 취약하다고 느끼는 다른 부위에 별도의 보호막을 만들 수도 있다.

　방패는 순수한 에너지로 만들 수도 있고 수정이나 빛, 금속, 돌, 급류 등 원하는 무엇이든 사용하여 만들 수도 있다. 색깔이나 질감도 무방하다. 자신에게 의미 있는 디자인일 수도 있고 평범한 형태여도 좋다. 표면 위로 움직임이 있어도 좋고 아니어도 된다. 뭐가 됐든 이 방패는 당신만의 것이고 당신이 필요하다고 느낄 때마다 불러낼 수 있다. 그저 마음속으로 방패를 그려보고 방패가 사라졌다 재등장하는 것을 느껴보라. 한동안 이를 연습한다. 그저 당신의 방패를 그려보고 이를 다른 사람을 향해(마트에서 옆줄에 선 사람도 좋다) 외부로 움직여본다. 그 사람은 아마도 당신한테서 한 발짝 물러설 것이다. 그럴 가능성이 높다. 시각적인 사람들은 방패를 쉽게 그릴 수 있지만, 활동적인 사람들은 몸으로 느끼는 게 더 쉽다. 방패에 소리나 향을 더하는 사람도 있다. 당신의 방패를 최대한 강하게 만들기 위해 개인적으로 더할 수 있는 모든 것을 더한다. 당신이 방패를 사용하기로 결정하는 것이 중요하다.

일단 이것을 할 수 있으면 내면 가부장은 좀 더 긴장을 풀 수 있다. 주변 사람들로부터 독립적이고 자기 자신에 대해 분명하게 알고 있다는 사실을 간파하고 우리를 신뢰할 수 있다. 나름의 경계를 긋는 법을 배웠다고 믿기 때문에 세상으로부터 우리를 보호하기 위해 그렇게 고군분투할 필요가 없다.

친밀한 관계에서 중요한 에너지 연결

지금까지는 당신의 에너지 장을 타인의 에너지 장과 분리하는 방법을 알아보았다. 이제 반대의 방법을 살펴보도록 하자. 우리가 '에너지 연결' 또는 '에너지 장의 융합'이라고 부르는 현상을 불러오는 것은 때로 매우 중요하다. 두 사람 사이의 에너지 연결은 충만한 관계에서 매우 소중한 요소다. 우리가 갈망하던 친밀함은 에너지 연결을 통해서만 경험할 수 있기 때문이다.

과거에 에너지 연결은 무의식적으로 일어났다. 여성에게는 이에 관한 선택권이 없었다. 여성의 내면 가부장은 관계를 매우 중요시하여 관계 형성 및 유지와 관련한 수많은 규칙을 세웠다. 규칙의 일부는 적중한다. 진짜 효과가 있다! 앞서 언급했듯 내면 가부장의 규칙에 아무 의심 없이 순응해도 안 되지만, 반항을 위한 반항을 하느라 아무 생각 없이 무시해버려서도 안 된다.

여성은 전통적으로 자신의 에너지 장이 타인의 에너지 장과 섞여야 한다고 교육받았다. 여성은 열려 있어야 하고, 타인에게 자신의 에너지가 유용해야 한다고 교육받았다. 타인의 에너지가 들어오지 못하게 막아서는 안 됐다. 무의식적으로 연결을 허락했을 때, 여성은 어디까지가 자신이고 어디부터가 다른 사람인지 알지 못했다. 여성은 다른 사람의 감정을 느낄 수 있었다. 정체성을 잃어버리고 다른 사람과 합쳐지고 결합해서 공동의존적인 존재가 되었다.

에너지의 경계 부재 현상이 드러나면서 이를 병리적이라고 인식하게 되었다. 전문가들은 모든 연결이 예외 없이 나쁜 것이라고 설파했다. 여성은 어떤 대가를 치르더라도 이를 피해야 한다고 경고받았다.

에너지 연결은 항상 나쁘지도, 항상 좋지도 않다. 우리에게 필요한 것은 적절한 시기와 장소를 선택할 수 있는 능력이다. 예를 들어 어머니가 아기와 에너지 면에서 연결되지 않으면 아마도 아이는 잘 자라지 못할 것이다. 사랑하는 사람과 에너지가 연결되어 있지 않으면 우리는 외로움을 느끼고 무엇이 우리를 괴롭히는지 알지 못한다. 관계에서 뭔가 더 갈망하지만 그게 무엇인지 모른다.

에너지 연결은 단지 로맨틱한 관계만을 위한 것이 아니다. 우리는 언제 어디서나 이를 경험할 수 있다. 많은 경우 에너지 연결은 평생 우리와 함께하는 아주 특별한 만남으로, 뭐라 말로 표현할 수 없는 것이다. 예를 들어, 나는 오래전에, 정확하게는 34년 전에 뉴욕 알트만 백화점 코트 매장에서 쇼핑한 날을 기억한다. 나는 젊은 엄마였고 어린 딸과 함께 있었다. 판매원은 아주 평범한 여성이었다. 나이가 나보다 서른 살 정도 더 많았는데, 그녀와의 만남에는 뭔가 특별한 게 있었다. 그녀는 나와 딸을 쳐다

보았다. 진심을 다해 우리를 바라보았다. 그곳에서 나와 함께 머무는 그녀의 에너지를 느낄 수 있었다.

우리가 나눈 이야기는 특정한 코트 구입에 관한 것이었지만, 이 만남을 통해 판매원은 나에게 그녀 자신을 선물로 주었다. 또한 이 과정에서 그녀는 나에게 나 자신이라는 선물도 주었다. 그녀는 온전히 그 자리에 현존했고 나는 명백하게 그녀의 에너지를 느낄 수 있었다. 자기 인식과 이해, 따뜻함, 이제는 과거가 되어버린 자기 삶의 일부를 내게서 보고 있기라도 하는 듯한 약간의 동경이 섞인 에너지였다. 그녀는 다정하면서도 슬픔에 찬 모습이었다. 그녀의 에너지가 나의 에너지와 연결될 때, 나는 그녀뿐 아니라 나 자신과 내 고유한 에너지 또한 느낄 수 있었다. 어머니와 심리학자가 된 기분과 새로운 삶에 대한 흥분, 그리고 이 모든 좋은 것들이 꿈처럼 사라질지 모른다는 약간의 두려움을 느낄 수 있었다. 누군지도 모르는 판매원과 나는 에너지 차원에서 연결되었고, 에너지 차원의 교환 과정에서 그녀는 이 모든 것을 누려도 된다고, 그리고 연결이 지속되는 한 신뢰하고 즐겨도 된다고 허락해주었다. 모든 것이 순식간에 흘러가버리는 느낌을 받았다. 아무것도 입 밖으로 소리 내어 말하지 않았지만 말이다.

그 판매원과의 만남이 굉장히 평범하면서도 한편으로는 굉장히 특별한 상호 교감이었기에, 몇 주 뒤에 새로 산 코트를 칭찬하는 이웃에게 이 일을 이야기했다. 그녀는 내가 말한 알트만 백화점의 코트 판매원이 바로 자신의 사랑하는 이모라는 걸 알게 되었다. 비혼인 그 이모에게는 아이가 없었다. 하지만 모든 친척 아이가 이모에게 뭔가 특별한 것이 있다고 느꼈고 그녀를 매우 좋아했다. 알트만 백화점의 그 여성은 다른 사람과 에너지로 연결될 수 있는 재능을 갖고 있었고 재능을 발휘해서 사람들에게 그들 자신이 누구인지 느낄 수 있게 해주었다. 또한 그녀는 언어 소통 없이 에너지 차원에서 소통할 수 있었다. 내가 감지했던 다정함 어린 슬픔은 그녀가 죽음을 앞두고 있는 데서 우러난 것이었다. 이웃과 이야기를 나눌 즈음은 이 놀랍고도 지극히 평범한 여성이 암으로 세상을 떠난 뒤였다. 에너지 연결이라는 그녀의 재능 덕분에 얼마나 많은 사람의 삶이 바뀌게 되었을지 종종 궁금해진다.

에너지를 연결하는 훈련법

에너지는 생각을 따른다. 에너지 장의 움직임을 생각하거나 시각화하면 그대로 될 것이다. 하지만 먼저 긴장을 풀어야만 한다. 이것은 노력을 더 한다고 해서 되는 영역이 아니다. 물론 몸의 에너지 장과 에너지 연결에 이미 능숙한 사람을 소개받는 게 최선이긴 하다. 하지만 가르쳐줄 사람이 없더라도 에너지 연결을 배울 방법이 있다. 실행에 옮길 수 있는 몇 가지 연습 방법을 소개해보겠다.

　에너지 연결의 실습은 파트너와 함께 해야 한다. 파트너가 없으면 다른 사람과 연결될 수가 없다. 깊은 관계를 맺고 있는 사람일 필요는 없고 에너지 연결을 받아들일 사람이면 된다. 파트너와 서로 무릎이 30센티미터 정도 떨어진 거리에 마주 보고 앉는다. 두 사람의 몸은 닿지 않도록 한다. 둘 사이에 공기가 흐를 정도의 공간을 비워둔다.

몇 차례 호흡하며 긴장을 푼다. 에너지 장에 둘러싸인 걸 인지하며 에너지 장이 자연스러운 상태가 되게 한다. 이제 에너지의 중심부가 몸의 한가운데를 타고 내려간다고 상상한다(또는 느낀다). 중심부에서 퍼져나가 당신을 둘러싸는 에너지의 장을 그려보거나 느낀다. 에너지는 생각한 대로 움직인다. 앞서 경계 긋기에서 그랬던 것처럼, 생각이나 시각화를 통해 에너지 장을 통제한다.

연습 과정에서는 에너지 연결하기와 물러서기를 번갈아서 한다. 우선 당신의 에너지 장이 확장되어 맞은편에 앉은 파트너의 에너지 장과 섞이게 한다. 이렇게 하는 동안 말을 해도 좋다. 편하지 않으면 침묵하지 않아도 된다. 연결이 주는 달콤한 따뜻함을 느껴본다. 당신은 파트너를 좋아하고, 이런 식으로 에너지가 연결되는 것이 아름답게 느껴진다.

주의할 점이 있다. 어떤 사람에게는 이런 종류의 친밀함이 따뜻하거나 달콤하지 않고, 심지어는 불편하게 느껴질 수도 있다. 당신이 느끼기에 에너지 연결이 상당히 불편하고 기분이 좋지 않다면 에너지를 거둬들이고 연습을 중단하기 바란다. 자신이 친밀함을 고통스럽게 느끼는 이유를 살펴보기로 마음먹을 수도 있다. 연습을 계속해보면, 친밀한 에너지 연결이 영원히 지속될 거라고 예상하는 사람은 없다. 이제 물러설 때다. 당신은 자유롭게 선택할 권리를 행사하고 있다. 당신은 연결이 과도하게 가깝고 친밀하다고 판단했다. 당신의 에너지를 의식적으로 거둬들인다. 에너지를 가까이 끌어온다. 당신 자신만의 공간이 필요하다. 공간을 만들고, 즐긴다. 당신과 파트너 사이에 존재하는 에너지의 공백을 체험한다. 이때 당신이 어떻게 느끼는지 바라본다.

　이제 충분히 떨어졌다고 생각된다면 당신의 에너지와 파트너의 에너지를 다시 한 번 섞이게 한다. 파트너와 에너지로 연결된다. 연결이 선사하는 친밀함과 따뜻함을 느껴보라. 연결이 편안하게 느껴지는가? 아니면 떨어져 있는 편이 더 나은가? 차이를 분명하게 감지하고 에너지 장에 대한 통제력을 느낄 수 있을 때까지 연결과 분리를 번갈아가며 실행한다.

　다음은 파트너와 순서를 바꿔 응용해서 연습해본다. 한 명이 경계를 세우거나 방패로 방어할 때, 상대는 에너지 측면에서 방어막을 침투하려 한다. 침투하는 에너지가 강할수록 저항도 강해질 것이다. 당신은 상대를 밀어낼 수 있는가? 밀어낼 수 있을 때까지 연습한다.

　그다음 완전히 다른 것을 시도해보자. 당신의 에너지 장이 확장되어서 방을 가득 채운다고 상상해보라. 공간 전체를 장악한 느낌이 어떤지 느껴보라. 파트너에게 공간 장악이 느껴지는 시점을 알려달라고 하라. 당신이 아주아주 작아질 때까지 물러서는 것을 상상하면서 파트너에게 이것이 느껴지는 시점을 알려달라고 하라.

몰래 선물하기

다시 한 번 서로의 무릎이 약 30센티미터 떨어진 거리에서 파트너와 마주 보고 앉는다. 손 가까이에 다이얼이 있다고 상상하자. 이 다이얼로 주변 공간의 에너지를 조절할 수 있다. 파트너에게 당신을 향해 에너지를 보내게 하고, 점차 강도를 높여가도록 한다. 두 사람은 지금 둘 사이의 에너지 장을 다루는 법을 훈련하는 중이므로 에너지를 보내는 사람은 갑작스러운 행동을 삼가야 한다. 에너지가 강력해질 때면 이를 밀어내려 하지 말고 그저 다이얼을 내려 약하게 한다. 반대로 둘 사이에 존재하는 에너지 장의 강도나 범위를 증가 혹은 확장해 에너지 연결을 강화하고 싶다면 다이얼을 올린다.

이제 이 과정을 반대로 실행해보자. 다이얼이든 뭐든 당신에게 맞는 이미지를 활용하여 파트너에게 에너지를 보낸다. 상상 속의 다이얼을 사용하여 자신의 에너지를 다룬다. 다이얼을 올려 에너지를 강화하거나 확장하고 다이얼을 내려서 에너지를 약화하거나 가까이 끌어온다. 무엇이 됐건 자신에게 맞는 이미지를 사용한다. 새로운 이미지를 만들고 싶을 수도 있다. 파트너는 이제 자신의 다이얼을 이용해 당신이 보내는 에너지를 다룬다.

연습을 진행하는 동안 서로에게 피드백을 주도록 한다. 상대에게 당신이 경험한 것을 알려주는 것이다. 각자가 지각한 에너지 장의 범위와 강도를 서로 확인한다. 에너지 장이 얼마나 멀리 퍼져나갔는가? 에너지 장이 강력한가, 약한가? 서로의 경험을 파악하도록 한다. 이런 식으로 세상을 경험하는 것이 점차 편안하게 느껴진다. 에너지의 연결과 물러섬을 평생 경험하지만 그것을 제대로 파악하기 전까지는 이 모든 과정이 무의식적으로 선택의 여지 없이 일어난다.

파트너와 연습할 때 에너지 장을 가지고 놀면서 에너지 장의 작동 기제에 대해 감을 잡아보는 것도 재미있다. 누군가에게 몰래 선물을 줘보자. 주변에 있는 사람을 선택한다. 지친 표정으로 일하는 레스토랑 웨이트리스도 좋고, 피곤해 보이는 마트 계산대 직원도 좋다.

사랑의 에너지를 담은 빛줄기가 당신의 심장에서 흘러나가 이 사람을 감싼다고 그려본다. 에너지가 당신한테서 그 사람에게로 흘러갈 때의 따뜻함을 느껴보라. 아무 말도 하지 말고 그냥 에너지가 섞이도록 한다. 몇 분이 지난 후 그 사람의 표정이 바뀌는지 보라. 대상이 꼭 가까이 있는 사람일 필요는 없다.

자신과 자신의 내면 가부장과 에너지 장에 대한 지식을 가지고 일상을 살아갈 때, 당신은 주변을 완전히 다른 시각으로 바라보게 될 것이다. 나아가 이런 지식이 아주 실용적이고 힘을 불어넣어준다는 점을 알아차릴 것이다.

남성과 온전하고 동등한 파트너가 되는 법

이 책을 읽으면서 당신은 내면 가부장, 즉 그림자 왕이 무의식의 그림자 영역에서 얼마나 여성을 지배해왔는지 살펴보았다. 일단 알아차림이라는 밝은 빛을 내면 가부장에게 쏘여서 무슨 일이 일어나고 있는지 보고 들으면, 그의 힘은 약해진다. 우리는 그가 하는 말을 귀기울여 들으면서 평가할 수 있다. 그의 규칙에 익숙해지고, 규칙과 그의 조언에 선택권을 갖게 된다. 우리는 그것에 동의할 수도, 동의하지 않을 수도 있다. 우리의 안전을 불안해하는 내면 가부장을 다루는 데 필요한 조치를 취할 수 있다. 우리가 보기에 적절한 방식으로 균형을 이루는 자아들이나 에너지를 활용할 수 있다.

이 모든 활동은 우리가 자신의 영역에서 지배력을 갖는 것을 목표로 한다. 이번 장에서 소개한 연습을 통해 그 숙달 과정에 다른 차원을 더할 수 있다. 연습을 하면 자신의 에너지 장에 대한 통제가 가능해진다. 또한 자신의 에너지 장과 타인의 에너지 장을 연결할지 분리할지 선택할 수 있게 된다.

에너지 장에 숙달되면 완전히 새로운 종류의 친밀감, 즉 깨어 있는 에고의 친밀감에 접근할 수 있다. 과거에는 친밀감을 두 사람이 각자의 에너지 장을 열고 섞는 것이라고 보았다. 경계가 없고 선택도 불가능했으며, 단지 두 에너지 장이 함께 흐르는 것만이 가능했다. 의식이나 알아차림이 없었고, 그저 함께하는 경험만이 있었다. 깨어 있는 에고의 친밀감은 이와 다르지만, 에너지 융합의 체험은 포함된다. 깨어 있는 에고로 우리는 다른 사람과 기본적인 에너지 연결을 유지하는 동시에 의식적으로 대극 사이를 오갈 수 있다. 즉, 우리는 에너지가 완전히 섞이는 상황을 즐기거나 경계를 재설정해서 서로의 에너지를 분리할 수 있다.

여성이 의식적으로 그것을 선택할 때, 내면 가부장은 세상의 강한 자들에게 결정을 맡기라는 요구를 그만두고 쉴 수 있다. 여성은 자기 에너지 장의 운영자이자 자신만의 왕국의 적법한 통치자다. 내면 가부장은 더 이상 남성이 제공하는 외적 보호의 대가로 여성의 권위를 요구하지 않는다. 그림자 왕은 더 이상 여성을 지배하지 않는다.

여성이 권위를 가지고 더 이상 내면 가부장의 딸로 머무르지 않을 때, 내면 가부장은 강한 남성적인 에너지로서 여성을 지지하기 시작한다. 내면 가부장의 에너지는 여성의 것이 되고, 여성이 의지하고 즐길 수 있는 대상이 된다. 여성은 깨어 있는 에고를 통해 친밀함과 에너지로 연결하는 능력을 희생하지 않고도 힘을 가지고 독립적으로 존재할 수 있다. 남성은 여성이 자기 자신을 지킬 수 있다는 걸 알고, 여성이 원해서 그와 함께한다는 것을 인식한다. 동시에 남성은 여성이 여성성을 하나도 희생하지 않았음을 알 수 있다. 이제 여성은 내면 가부장과 삶 속의 남성들과 함께 완전한 파트너 관계를 이룰 수 있는 위치에 있다.

14장
내면 가부장과 손잡고 마법 깨뜨리기

내면 가부장은 성인 여성을 딸로 둔갑시키는 동화 속 마법사처럼 행동한다. 그 결과 딸은 자신이 만나는 모든 남자를 아버지로 만들고, 점차 힘을 잃는다. 우리는 새로운 비전을 통해 이 동화를 다시 쓴다. 깨어 있는 에고와 새롭게 되찾은 여성의 힘으로, 여성은 자신과 삶 속의 남성들을 그토록 오래 사로잡아온 마법을 비로소 깨버릴 수 있다.

현現 문명이 진화하는 모습을 그려볼 때, 나는 여성이 스스로를 의식적으로 바꾸고 남성과 상호 존중하는 완전한 파트너십을 향해 발걸음을 내딛는 모습을 본다. 이 세상은 가모장의 사회도, 가부장의 사회도 아닐 것이며, 남성과 여성 모두가, 그리고 그들 각자의 선물과 재능이 동등하게 가치를 인정받는 세상일 것이다.

여성이 세상에 영향을 미치기를 바란다면 기존에 있던 모든 것을 파괴해서는 안 된다. 여성은 내면 가부장의 우려를 해결해야 한다. 내면 가부장이 추구하는 가치와 전통을 분별력을 가지고 바라보아야 한다. 그저 무시해버려서는 안 된다. 여성이 근본적으로 내재된 내면 가부장의 우려를 인식하고 있고, 스스로를 전적으로 책임질 수 있으며, 내면 가부장과 협력하에 일할 수 있다는 사실을 내면 가부장이 알게 될 때, 마법은 깨진다. 내면 가부장은 여성의 소중한 파트너가 되어 특별한 지지와 보호를 제공한다.

의식의 주요한 변화에는 현재의 삶에 대한 이원적인 접근을 넘어서는 것도 포함돼 있다. 여성 자신의 변화는 여성이 여기까지 올 수 있게 도와준 가부장제의 전통적 가치와 선물을 계속 간직하고 예우하면서 여성으로서의 힘을 포용하는 것을 의미한다. 우리는 '내면 가부장'과 '여성적 힘을 가진 여성 자아'라는 대극의 자아들이 내포하는 역동적 힘을 의식적으로 포용할 것이다. 이 지점에서 새롭게 등장하는 것이 우리가 본받고 싶고 우리의 딸과 손녀들이 그랬으면 하고 바라는 새로운 여자의 이미지다.

우리가 이원성을 넘어 대극 간의 긴장, 즉 여성적 힘을 온전히 표현하고자 하는 욕구와 내면 가부장이 가진 두려움 사이의 긴장감을 받아들일 때, 우리는 힘을 가진 여성으로서 의식적인 진화의 다음 단계로 나아갈 수 있다. 우리가 대극을 포용할 때 다른 사람들도 그 방법을 배울 것이다. 내면에 존재하는 대극 사이의 긴장을 참아낼 때, 우리는 시야를 확장해 외부 세계를 포용할 수 있다. 이원론적으로 분열되어 우리 사회를 갈등으로 갈라놓은 그 세계를 말이다.

내면 가부장은 성인 여성을 딸로 둔갑시키는 동화 속 마법사처럼 행동한다. 그 결과 딸은 자신이 만나는 모든 남자를 아버지로 만들고, 점차 힘을 잃는다. 우리는 새로운 비전을 통해 이 동화를 다시 쓴다. 깨어 있는 에고와 새롭게 되찾은 여성의 힘으로, 여성은 자신과 삶 속의 남성들을 그토록 오래 사로잡아온 마법을 비로소 깨버릴 수 있다.

지난 30여 년간 여성은 자신과 주변을 현저하게 변화시켰고, 변화는 앞으로도 계속될 것이다. 외부 가부장과 대면해왔고 많은 순간 그들에게 도움을 요청했다. 이제 우리가 할 일은 내면 가부장과 대면해 협력하는 것이다.

내면 가부장은 여성이 오늘날의 세상에서 생존하기 위해서만이 아니라 탁월함을 보이는 데 필요한 힘, 객관성, 기술 등을 타고났다는 사실을 접하며 각성하는 과정에 있다. 내면 가부장은 마침내 여성의 생산 활동이 가정뿐 아니라 전문적인 직업 측면에서도 똑같이 중요하며 가치 있게 여겨져야 한다는 것을 알았다. 인류의 생존에 임신과 양육이 얼마나 중요한지 제대로 인정받게 될 것이다. 이런 변화를 통해 남성 또한 그들의 마법에서 비로소 자유로워져 임신과 양육 과정에서 자신의 가치를 소중하게 여기게 될 것이다.

내면 가부장, 곧 그림자 왕이 걸어놓은 마법에서 자유로워질 때 우리는 더 이상 그의 힘을 주변 남성에게 투사하지 않을 것이다. 또한 남성이 여성과 여성의 생각에 맞서 양극화되도록 놔두지 않을 것이다. 우리가 변화하면 남성 또한 자신의 내면 가부장의 폭압에서 자유로워져 변화할 수 있다.

여성이 딸로서만 존재할 때, 여성의 삶 속 남성들은 아버지 역할

만을 수행하게 된다. 여성이 남성을 피하면 남성은 여성과 절대 함께할 수 없다. 우리가 여성의 강인함과 세심함을 모두 갖춘 여성으로서 남성에게 다가갈 때, 우리는 마음껏 남성과 동등한 동료로서 파트너 관계를 맺게 된다. 남성과 여성이 온전하고 동등한 파트너로서 의식적으로 새로운 문명을 함께 만들어가는 모습. 전통적인 여성성에 기반을 둔 기여가 남성성에 기반을 둔 기여와 동등하게 인정받고, 여성의 타고난 권리가 온전히 회복되는 문명을 창조하는 모습. 바로 내가 꿈꾸는 미래다.

1) 왕이었던 아탈란테의 아버지는 아들을 바랐기에 아탈란테가 태어나자 산속에 버렸다. 암곰이 거두어 키우던 아탈란테는 사냥꾼에게 발견되어 그의 손에 자라게 된다. 성인이 된 아탈란테는 남자들보다도 체력이 뛰어난 아름다운 사냥꾼이 되었다. 특히 달리기는 상대할 자가 없었다고 한다.—옮긴이

2) 미국의 페미니스트이자 사회심리학자인 베티 프리단이 쓴 『여성의 신비』는 1963년에 처음 출간되었다. 억눌리고 왜곡된 여성의 의식을 일깨우는 자극제가 된 이 책은 가정과 일터, 일상생활과 대중문화에서 여성이 마주하는 도전의 핵심을 제시한다.—옮긴이

3) 자세한 내용은 우리 부부가 공동 집필한 『우리 자신을 받아들이기Embracing Our Selves』와 『서로를 받아들이기Embracing Each Other』에서 확인할 수 있다.

4) 내면 비판자에 대해 더 알고 싶으면 할 스톤과 내가 쓴 『내면 비판자 안아주기 Embracing Your Inner Critic』를 읽기 바란다.

5) White Anglo-Saxon Protestant, 백인 앵글로 색슨계 개신교 남성을 지칭.—옮긴이

6) 제인 폰다(1937~)는 로저 바딤 감독이 연출한 SF 영화 〈바버렐라Barbarella〉를 통해서 '섹스 심벌'로 불리기도 했지만, 1960~70년대의 진보적인 배우 가운데 한 사람이다. 페미니즘 운동가이자 인권운동가로서 급진적인 내용의 영화들에 출연하기도 했다. 〈클루트Klute〉와 〈줄리아Julia〉 등의 작품이 대표적이다.—옮긴이

7) 〈왕과 나〉는 영국인 미망인 애나가 시암(태국)의 궁전에 가정교사로 들어가 동서양의 문화 차이를 겪고, 국왕과 사랑하게 되는 내용을 담고 있다. 한국에는 1956년 제작한 율 브리너 주연의 영화로 잘 알려져 있다. 인용한 말은 왕이 부른 〈혼란스러움의 시A Puzzlement Lyrics〉의 노랫말 중 일부다.—옮긴이

8) 관세음보살의 다른 이름. 외침을 듣고 구원의 손길을 뻗치는 자비로운 여신이다. 원래 보살은 성별이 없지만, 중국에서 토착화되는 과정에서 여신으로 자리 잡았다.—옮긴이

내 안의 가부장

여성을 앞으로 나아가지 못하게 하는 보이지 않는 힘

초판 1쇄 발행 2019년 3월 5일
초판 2쇄 발행 2019년 8월 20일

지은이 시드라 레비 스톤
옮긴이 백윤영미, 이정규
펴낸이 문채원
편집 심재경
디자인 데시그

펴낸곳 도서출판 사우
출판 등록 2014-000017호
주소 서울시 양천구 목동동로 50, 1223-508
전화 02-2642-6420
팩스 0504-156-6085
이메일 sawoopub@gmail.com

ISBN 979-11-87332-34-3 03300

이 도서의 국립중앙도서관 출판시도서목록(CIP)은 서지정보유통지원시스템 홈페이지(http://seoji.nl.go.kr)와
국가자료공동목록시스템(http://www.nl.go.kr/kolisnet)에서 이용하실 수 있습니다.
(CIP제어번호 : 2019004103)